小・中学校
管理職のための

よくわかる
インクルーシブ
教育

課題解決 Q&A

編著者　半澤 嘉博

著　者　悴田 康之／髙岡 麻美／高橋 浩平／
　　　　玉野 麻衣／中西　郁／名古屋 恒彦／
　　　　丹羽　登／明官　茂　他

開隆堂

はじめに

　特別支援教育やインクルーシブ教育に関する理論や実践に関する書籍は，最近，数多く出版されているところですが，本書は，今後，日本において，ますます重要な取り組みとなるインクルーシブ教育の推進に向けての教育関係者への啓発を目的とした内容としました。本書出版のねらいは大きく2点あります。

1. 日本におけるインクルーシブ教育を強力に推進していく方向性を示しました。
　特別支援学校や特別支援学級での専門的な指導の重要性など，日本におけるインクルーシブ教育システムの体制やカスケードを基盤とするとともに，通常学級での在籍を原則とするフルインクルージョンも視野においた時代への流れを想定し，障害の重い児童生徒も通常学級に在籍し，教育を受けることの意義や重要性を肯定的にとらえたものとしました。そのため，「インクルーシブ教育システム」ではなく，あえて「インクルーシブ教育」の用語を使用しました。そして，それを保障するためのICF(国際生活機能分類)に基づく合理的配慮やユニバーサルデザインの推進に関しての学校の責務を強調しました。

2. インクルーシブ教育を推進していく際のさまざまな課題の解決策を具体的に示しました。
　インクルーシブ教育を推進していく際に生じるさまざまな学校経営上，学級経営上などの課題について，それらを「困難な事例」としての視点から例示し，その具体的な解決の方策を示しました。管理職向け，また，通常学級の担任向けを想定し，インクルーシブ教育の基礎・基本としての理解や想定される困難事例への対応に資する資料となるものです。

　本書シリーズは管理職向けと小・中学校の各担任向けの三分冊となりますが，どれも，内容構成としては，「理論編」「Q&A編」「資料編」の三部構成となります。
　「**理論編**」においては，国際的な動向や関連法令，また文部科学省や都道府県における施策などをふまえ，基礎的な用語の定義や解釈をわかりやすく示しました。
　「**Q&A編**」においては，教育実践上の想定される対応や課題を例示し，その解決策や対応例を示しました。特に，保護者や児童生徒からの個別の配慮や支援の要求，合理的配慮の要求，授業でのユニバーサルデザインの対応，障害理解教育や差別事象への対応，交流及び共同学習の実施上の課題など，現実的な課題を例示しました。
　回答は，原則的に，インクルーシブ教育の推進，障害のある児童生徒の受け入れ促進の視点からの解説としました。
　「**資料編**」においては，実際に学校現場で活用したり参考にしたりできる資料を示しました。重要な法令関係，学校だより，保護者や地域を対象とした障害理解教育や保護者会での障害理解教育の展開例，校内での特別支援教育体制の構築例，校内委員会や事例検討会の開催例，学校での障害者差別事象・判例などの対応例を掲載してあります。
　インクルーシブ教育の推進においては，通常学級の改革が極めて重要です。本書を読んでいただき，**管理職の先生方には学校経営の改善・工夫や教職員の意識改革につながる研修の実施，保護者対応，関係機関との連携などのヒント**が得られることを期待しています。
　また，**通常学級担任の先生方や教科担任の先生方には，学級経営や授業の改善・工夫や日常的・直接的な保護者対応などのヒント**が得られることを期待しています。
　さらに，**特別支援教育コーディネーターを兼務されている先生方には，各学校での組織的な体制整備や運営の視点でのヒント**が得られることを望みます。

東京家政大学教授　　半澤 嘉博

もくじ

ページ

3 もくじ

理論編

- 8　1　インクルーシブ教育とは，どんな教育のことなのでしょうか。
- 10　2　障害者権利条約，障害者差別解消法等への対応
- 12　3　インクルーシブ教育システム構築における管理職の役割と責任
- 14　4　インクルーシブ教育システムの学習指導要領上の意義と取り扱い
- 16　5　インクルーシブ教育を目指した教育課程の編成
- 18　6　教育委員会との連携をどのようにはかるか。
- 20　7　学校の特別支援教育体制の構築への期待
- 22　8　特別支援学級や通級による指導の位置づけと機能
- 24　9　特別支援教育コーディネーターの役割・機能と連携について
- 26　10　インクルーシブ教育で求められる教師の資質・能力とは？
- 28　11　インクルーシブ教育を推進するために，教職員へどのような研修を行えばよいでしょうか。
- 30　12　合理的配慮とは何か？
- 32　13　ユニバーサルデザインの推進は，どう進めればよいのでしょうか。
- 34　14　個別の教育支援計画と個別の指導計画の作成と活用の推進
- 36　15　交流及び共同学習の意義と推進
- 38　16　管理職として教育（就学）支援委員会には，どのようにかかわればよいのでしょうか。
- 40　17　保護者とのかかわり方はどのようにしたらよいでしょうか。
- 42　18　関係機関との連携のあり方はどのようにしたらよいでしょうか。
- 44　19　就学奨励費等の対象経費と支給額等について
- 46　20　インクルーシブ教育のチェックリスト

Q&A編

- 50　Q1　学校経営　理念　インクルーシブ教育システムとは何でしょうか。
- 52　Q2　学校経営　理念　諸外国では，どのようにインクルーシブ教育を行っているのでしょうか。
- 54　Q3　学校経営　理念　共生社会づくりとはどんなことでしょうか。

56	Q4	学校経営	理念	学校経営方針の作成において、留意すべきことは何でしょうか。
58	Q5	学校経営	理念	多様な学びの場がなぜ必要なのでしょうか。また、スクールクラスターとはどんなことでしょうか。
60	Q6	学校経営	理念	障害に関する理解推進のねらいと目標は何ですか。発達障害のある児童生徒を、どのように学級の児童生徒に理解してもらいますか。
62	Q7	学校経営	責務	特別支援教育の校内研修会について、一部の先生から、負担が増えるだけだと反発が…。教職員の指導と学校の体制整備をどのようにしていけばよいでしょうか。
64	Q8	学校経営	体制	特別支援教育コーディネーターはだれにすればよいでしょうか。
66	Q9	学校経営	体制	インクルーシブ教育の基礎的環境を整えていく視点は？どのようにバリアフリーの環境にしていったらよいですか。
68	Q10	学校経営	体制	個別の教育支援計画などの管理のしかたは、どうしたらよいですか。
70	Q11	学校経営	体制	特別支援学級を運営する際の留意事項はどのようなことですか。
72	Q12	学校経営	体制	通級による指導は、どのような教育形態ですか。通級指導教室の運営上の留意点はどのようなことですか。
74	Q13	学校経営	差別	どのようなことが障害のある児童生徒への差別行為となり、どのようなことが差別行為とならないのですか。
76	Q14	学校経営	差別	差別の事象があったとき、解決に向けてどのように対応していけばよいですか。
78	Q15	学校経営	合理的配慮	合理的配慮とは、どのようなことでしょうか。
80	Q16	学校経営	合理的配慮	合理的配慮に関して、どんな場合に過重な負担となるのでしょうか。代替え案の提示はどのようにすればよいでしょうか。
82	Q17	学校経営	教職員	障害のある児童生徒の受け入れにあたって、学校事務職員などが留意することは何ですか。
84	Q18	学校経営	教職員	教員の資質・能力の向上のために、どんな教員研修を進めていけばよいでしょうか。
86	Q19	学校経営	教職員	障害のある児童生徒の担任のなり手がいないときには、どうすればよいでしょうか。
88	Q20	学校経営	教職員	担任から、授業の補助の人的対応が欲しいと要求されましたが、どのように対応すればよいでしょうか。
90	Q21	学校経営	教職員	特別なニーズのある児童生徒への教育における、養護教諭の役割は何でしょうか。
92	Q22	学校経営	指導	障害のある児童生徒を受け入れる場合に、学習での制限や規制について、どのように考えていけばよいでしょうか。
94	Q23	学校経営	指導	投薬の管理はどのようにすればよいでしょうか。

頁	Q	カテゴリ	対象	内容
96	Q24	学校経営	保護者	安全確保のために，遠足や宿泊学習に保護者もついていってほしいと伝えたら断られました。どうすればよいですか。
98	Q25	学校経営	保護者	たんの吸引や経管栄養などの医療的ケアが必要な児童が，小学校への就学を希望しています。どのような準備が必要ですか。
100	Q26	学校経営	保護者	他の保護者からクレームがありました。障害のある子がいると勉強が遅れる，保障してもらえるのかといわれたが，どうしたらよいですか。
102	Q27	学校経営	保護者	小学校入学にあたって，保護者の意向をどのように確認していけばよいのでしょうか。
104	Q28	学校経営	保護者	入学にあたって，保護者とどのように合意形成していけばよいのでしょうか。
106	Q29	学校経営	連携	就学前の学校と関係機関との連携のあり方は，どのようにすればよいですか。
108	Q30	学校経営	連携	小・中学校の連携や引き継ぎは，どのようにすればよいでしょうか。
110	Q31	学校経営	連携	他機関（療育機関や放課後等デイサービス）との連携は，どのように行っていけばよいでしょうか。
112	Q32	学校経営	連携	医療機関などの関係機関とは，どのように連携をはかればよいでしょうか。
114	Q33	学校経営	連携	外部専門家とは，どのように連携をしていけばよいのでしょうか。
116	Q34	学校経営	連携	保育園・幼稚園との連携や引き継ぎで，大切なことはどんなことでしょうか。
118	Q35	学校経営	連携	特別支援学校における自立活動の指導を，通常学級にどのように取り入れられますか。

資料編

- 122　1　インクルーシブ教育関連の留意すべき法令について
- 124　2　学校だより，学校のホームページでのインクルーシブ教育の紹介
- 126　3　保護者や地域を対象とした障害者理解教育
- 128　4　保護者会での障害理解教育の例
- 130　5　特別支援教育体制の構築例
- 132　6　校内委員会や事例検討委員会の開催例
- 134　7　障害者差別事象の対応例

理 論 編

国際的な動向や関連法令，また文部科学省や
都道府県における施策などをふまえ，
基礎的な用語の定義や解釈を
わかりやすく解説しています。

理論編

1 インクルーシブ教育とは，どんな教育のことなのでしょうか。

特別支援教育に関して，最近「インクルーシブ教育」という言葉をよく耳にするようになりました。でも，インクルーシブ教育とかインクルーシブ教育システムとかインクルージョンとか，似たような言葉もありよく理解できません。そもそもインクルーシブ教育とは何のことなのでしょうか。

1. インクルーシブ教育は「すべての児童生徒たちを包み込む教育」

「インクルーシブ」とは，英語で「包容する」とか「包み込む」という意味の言葉です。すべての児童生徒を包み込んだ教育という考え方であり，障害がある，国籍が違う，家庭が貧困である，などの事情で児童生徒を地域の学校から排除しないということです。

1994年にユネスコが開催した国際会議で「Education for All（万人のための教育）」が唱えられ，障害の有無にかかわらず，希望すればだれもが適切な支援を受けながら地域の通常学級に通うことができるようにしていこうという方向性が示されました。

そして，2014年1月20日に日本が批准した国連「障害者の権利に関する条約」の第24条において，「インクルーシブ教育システム」(inclusive education system：包容する教育制度）を障害のある子どもと障害のない子どもがともに学ぶ仕組みとして定義し，障害のある者が「general education system：一般的な教育制度」から排除されないこと，自分が生活している地域において初等中等教育の機会が与えられること，個人に必要な「合理的配慮」が提供されることなどが必要と示しています。

障害のある児童生徒の学習を保障し，社会的な発達をさせることができる環境として，完全なインクルーシブ教育の実現に向けて歩むことは国際的な流れであり，「インクルーシブ教育」とは，そのような新たな教育の方向性への理念を表しています。そして，その教育理念に向けての具体的な体制や仕組みづくりも含めた取り組みを総称する際に「インクルーシブ教育システム」と表わしています。また，日本では2016年に文部科学省が示した「共生社会の形成に向けたインクルーシブ教育システム構築のための特別支援教育の推進（報告）」においてインクルーシブ教育システムを定義し，その中で障害のある児童生徒の将来の自立と社会参加を見据え，通級による指導，特別支援学級，特別支援学校といった連続性のある「多様な学びの場」を用意して，最も適切な教育を提供できる仕組み（カスケード）を整備することも含めています。

- ● インクルーシブ教育はだれにも優しい学校づくり
- ● 適切な支援ができる学校体制や環境整備と合理的配慮に基づく個別支援の充実が重要

「インクルージョン(inclusion)」という用語は，障害のある児童生徒を通常学級でともに学習できるようにする考え方や主張，手法などを表し，排除する意味の「イクスクルージョン(exclusion)」との対比でよく用いられます。

また，世界各国の戦後の歴史的な取り組みとして，「ノーマライゼーション（ノーマリゼーション）」「メインストリーミング」「インテグレーション：統合教育」などの用語が用いられてきたこともあり

ますが，いずれも障害のある人を一般社会や一般的な教育制度に参加させていくことを目指した取り組みのことです。

2. 通常学級の中での障害のある児童生徒の教育と支援

それでは，インクルーシブ教育になると，今までの小・中学校や実際の授業はどのように変わるのでしょうか？

通常学級の中に，障害のある児童生徒や個別の支援が必要な児童生徒が多く在籍するようになります。しかし，通常学級の中では，一般的に同じ教科書を使って同じ学習をしていくいわゆる一斉授業が多く行われています。また，担任の先生も特に特別支援教育の専門家というわけではありません。理念として，障害のある児童生徒を他の児童生徒たちから排除しないで一緒に学習するということには賛成であっても，本当に障害に応じた適切な指導や支援ができるのかとの疑問が生じます。

インクルーシブ教育を進めるためには，まず，障害のある児童生徒などを受け入れるための学校体制づくりが必要です。校長先生のリーダーシップの下，学校の全教職員や外部の専門家や支援者などの協力を得て，担任まかせにしないことが大切です。そのための特別支援教育コーディネーターの機能が重要となります。また，個別の教育支援計画に基づき保護者と情報交換を密に行い，合理的配慮の視点からの個別の支援を行い，児童生徒の成長や発達を共有することが大切です。さらに，障害のある児童生徒などが教室のあたたかい雰囲気の中で，生き生きと学習や生活ができるためには，まわりの児童生徒たちとのかかわりが重要です。障害の社会モデルについて理解を深めたり，実践的なピアサポート（助け合い）のしかたを理解したりすることも，すべての児童生徒たちの大切な学習です。

3. インクルーシブな学級のイメージ

インクルーシブな学級づくり・授業づくりを推進していくためには，以下の取り組みが大切です。

①学級づくりに関しては，心理教育プログラムなどを活用しての人間関係づくりが有効です。グループエンカウンターやピアサポート活動，特別活動や総合的な学習の時間において，社会性を育むためのソーシャルスキルトレーニングやアサーショントレーニング，アンガーマネジメント，ストレスマネジメント，ライフスキルトレーニングなどを全員の児童生徒を対象として実施していくことで，だれもが自己肯定感や自己有用感を高めるとともに，多様な他者の存在を尊重していくことができるようにしていきます。

②授業づくりに関しては，授業のユニバーサルデザイン化を進め，すべての児童生徒が「わかる」「できた」という達成感をもつことができるような授業を展開していきます。また，時間や空間の構造化，作業量や刺激量の調整などにも配慮していきます。さらに，グループワークやさまざまな言語活動を通した協働的な学びの場を積極的に取り入れ，アクティブ・ラーニングを進めていきます。一人ひとりの児童生徒の得意な学習スタイルや教材を選べるようにすることも大切です。

また，特に個別の支援が必要な児童生徒については，学習面や行動面でのよい点を引き出し，個別の教育支援計画や個別の指導計画に基づき，個人内評価の視点からの評価による意欲づけに配慮していくことが大切です。

一人ひとりが大切にされ，一人ひとりが自分の得意なことを発揮できる学級経営がインクルーシブ教育の本質であり，ゴールではないでしょうか。

（東京家政大学教授　半澤 嘉博）

理論編

2 障害者権利条約，障害者差別解消法等への対応

障害者を優遇したり，新しい権利をつくったりするものではなく，憲法や人権条約で保障されている権利を，障害者にも同じように保障することが目的です。

1. 障害者差別解消法とは

　国は，2007年に「障害者の権利に関する条約」（以下「障害者権利条約」）に署名しました。批准したのは，2014年です。署名は内閣がしますが，批准は国会の承認が必要です。国が障害者権利条約を批准するために，国内法の整備が必要になりました。障害者権利条約の締結には，障害に基づくあらゆる形態の差別の禁止についての対応を求めているからです。

　障害者差別解消法の正式名称は「障害を理由とした差別の解消の推進に関する法律」です。障害者基本法の差別の禁止の基本原則を具体化するもので，すべての国民が，障害の有無によって分け隔てられることなく，相互に人格と個性を尊重し合いながら共生する社会の実現に向け，障害者差別の解消を推進することを目的として，2013年に制定されました。正式名称をよく読んでみるとこの法律の趣旨が伝わってくると思います。

　そもそも，障害者に対してはだれもが，「差別はいけないこと」と思っていますが，残念ながら差別と思われることがたくさんおきています。そして，多くの場合きちんと解決されずに，平等な機会などを奪われています。障害のない人との平等な機会などの保障のためにも，「何が差別か」をきちんと判断できる「ものさし」として差別から守るための法律が必要なのです。

　この法律は，障害者を優遇したり，あたらしい権利をつくったりするものではなく，憲法や人権条約で保障されている権利を，障害者にも同じよ

うに保障するためのものです。

2. 差別を解消するための措置

　この法律は，障害を理由とする差別について以下の二つに分けて整理しています。

> ①障害を理由として障害者でないものと不当な差別的取扱いをすることにより，障害者の権利利益を侵害してはならない。
> ②障害者から現に社会的障壁の除去を必要としている旨の意思の表明があった場合において，その実施に伴う負担が過重でないときは，障害者の権利利益を侵害することにならないよう，当該障害者の性別，年齢及び障害の状態に応じて，社会的障壁の除去の実施について必要かつ合理的な配慮をしなければならない（私立学校などでは努力義務ですが，国公立学校では合理的配慮の提供は法的義務となります）。
> （アミフセは明官による）

　また，具体的な対応として，政府の基本方針の策定，行政機関などの対応要領，主務大臣による事業分野別の対応指針の策定が規定されています。

(1) 不当な差別的取り扱い

　障害者に対して，正当な理由なく，障害を理由として，財・サービスや各種機会の提供を拒否すること，提供にあたって場所や時間帯など

を制限すること，障害者でない者に対してはつけない条件をつけることなどがあげられています。

学校現場で考えられる具体例として，文部科学省の対応指針には，「学校への入学の出願の受理，受験，入学，授業等の受講や研究指導，実習等校外教育活動，入寮，式典参加を拒むことや，拒まないかわりとして正当な理由のない条件を付すこと」や「試験等において合理的配慮の提供を受けたことを理由に，当該試験等の結果を学習評価の対象から除外したり，評価において差をつけたりする」などがあります。

(2)合理的配慮

社会的障壁の除去の実施について合理的配慮を行わないことは，障害を理由とした差別にあたることになります。例えば，障害者から要望があった場合，建物の入り口の段差を解消するために，スロープを設置するなど，車椅子利用者が容易に建物に入ることができるように対応することや，精神障害のある職員の勤務時間を変更して，ラッシュ時に満員電車を利用せずに通勤できるように対応することがあげられます。合理的配慮は，障害の特性や具体的場面や状況に応じて異なり，多様で個別性の高いものです。代替措置の選択も含めて双方が話し合って理解し合えることが求められます。

学校現場で考えられる具体例として，文部科学省の対応指針には，「入学試験において，本人・保護者の希望，障害の状況を踏まえ，別室での受験，試験時間の延長，点字，拡大文字や音声読み上げ機能の使用等を許可すること」「板書やスクリーン等がよく見えるように黒板等に近い席を確保するなどの配慮を講じること」「読み・書き等に困難のある児童生徒等のために，授業や試験でのタブレット端末等のICT機器使用を許可したり，筆記に代えて口頭試問による学習評価を行ったりすること」などがあります。

対応指針等は，各省庁のホームページで公表されています。

3. 差別を解消するための支援措置

障害者差別解消法では，支援措置として，国が差別や権利侵害を防止するための啓発や知識を広めるための取り組みを行わなければならないとしています。

具体的には，①相談および紛争の防止・解決のための体制の整備，②啓発活動，③情報の収集，整理および提供，④障害者差別解消支援地域協議会の設置，が示されています。

差別の解消を効果的に推進するためには，障害者やその周囲からの相談に対して的確に応じることや，場合によっては紛争の防止や解決をはかることができるように体制整備が重要になります。法律ではその対応として，既存の相談機関や制度の活用，障害者差別解消支援地域協議会による関係機関などとの連携を示しましたが，対応としては十分ではないとの意見もあります。

4. 学校現場での課題

障害者差別解消法では，障害を理由とした差別の解消を目指し，必要な合理的配慮の提供を求めています。合理的配慮の概念は一般的にはまだ理解が進んでいるとはいえません。特に発達障害など周囲から見えにくい障害については，共通理解が難しいからです。

これからは地域も含めて学校全体で障害者差別解消法の理解を進めるとともに，合理的配慮の提供についての障害者（保護者を含めて）と学校側との合意形成をどのようにつくっていくかが重要になると思われます。

学校として，障害による差別の解消を学校の経営方針に示し，教職員の理解を進めるための研修を実施したり，障害者本人や保護者向けに相談窓口を公開することや，特別支援教育コーディネーターを中心として校内委員会を活性化させ，地域や関係機関などと連携して対応することが求められます。

(明星大学教授　明官　茂)

理論編

3 インクルーシブ教育システム構築における管理職の役割と責任

いままで特別支援学級が設置された学校に勤務したことがなく，特別支援教育やインクルーシブ教育のことはあまりよく知りません。特別支援学級の運営のことは，専門性のある特別支援学級担任にまかせっきりになってしまっているのですが…。

1. インクルーシブ教育システムとは

障害者権利条約（正式名称：障害者の権利に関する条約）は 2006 年に国連総会において採択された条約で，わが国も 2014 年に批准しました。これは，障害者の人権や基本的自由を守るための国際的な約束です。

教育については障害者権利条約第 24 条において「…障害者を包容するあらゆる段階の教育制度及び生涯学習を確保する」ことを求めています。このように公的には，「inclusive education system」とは「障害者を包容するあらゆる段階の教育制度」と訳されています。しかし，「包容する教育制度」については，中央教育審議会初等中等分科会では「インクルーシブ教育システム」と表記しました。そのため文部科学省でも同様に「インクルーシブ教育システム」と表記しています。

ここで重要なのは，障害者権利条約で示されている次の目的を達成するために必要なシステムを構築することです。

- (a) 人間の潜在能力並びに尊厳及び自己の価値についての意識を十分に発達させ，並びに人権，基本的自由及び人間の多様性の尊重を強化すること。
- (b) 障害者が，その人格，才能及び創造力並びに精神的及び身体的な能力をその可能な最大限度まで発達させること。
- (c) 障害者が自由な社会に効果的に参加することを可能とすること。

すなわち，インクルーシブ教育システムとは，障害のある児童生徒がその潜在能力を最大限に発達させ，自由な社会に効果的に参加できるようにするという教育理念のもと，障害のある児童生徒と障害のない児童生徒とが可能な限り一緒に教育を受けられるよう配慮するとともに，障害者が社会に効果的に参加できることを目指した教育システムです。

そこで，2011 年には障害者基本法が改正され，「可能な限り障害者である児童及び生徒が障害者でない児童及び生徒と共に教育を受けられるよう配慮」することなどが新たに規定され，2013 年には学校教育法施行令が一部改正され，従来の法令上は一定の程度以上の障害のある児童生徒は特別支援学校への就学が原則とされ小・中学校等への就学は例外措置だったものを，障害の状態などをふまえて総合的な観点から就学先を決めるようになりました。

2. インクルーシブ教育システムと特別支援教育

先の分科会では，①障害者権利条約が目指していることの中には，障害の有無にかかわりなく一緒に生活していける「共生社会の実現」があり，それを形成していくためにはインクルーシブ教育システムの構築が不可欠であるということ，② 2007 年 4 月から本格的に実施された特別支援教育では共生社会の実現を目指していることが，2007 年 4 月に発出された通知「特別支援教育の推進について（通知）」の中で，「特別支援教育

は,…共生社会の基礎となるもの」であると示されていること,などをふまえて分科会での審議をとりまとめ,「共生社会の形成に向けたインクルーシブ教育システム構築のための特別支援教育の推進」という報告を出しています。

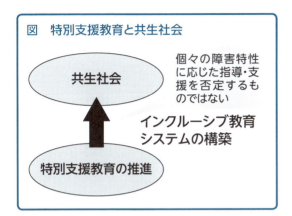

図　特別支援教育と共生社会

3. 管理職の役割と責任

学校では現在,「個に応じた指導」を充実させるためTTや小集団での指導,課題別集団での指導,放課後などを活用した個別指導などが行われています。障害のある児童生徒にも,これらを適宜活用して効果的な指導を展開する必要がありますが,分科会報告では,より手厚い指導や支援を必要とする場合には通級による指導や特別支援学級,特別支援学校という学びの場を整備するとともに,それらを連続性のあるものにすることを求めています。

そこで管理職は,「可能な限り共に学ぶことを目指す」「居住する地域で初等・中等教育を受けることが出来るようにする」というインクルーシブ教育システムを理解した上で,次のことを着実に実施することが求められます。

①障害(または障害の状態等)を理由に地域の小・中学校等から排除しない。

②特別支援学校や特別支援学級に在籍する児童生徒が,地域の小・中学校等の通常の学級の児童生徒と,可能な限り一緒に学ぶ機会を確保する(交流及び共同学習の推進)。

③個々の障害特性に応じた指導と支援を充実させるために,個別の教育支援計画と個別の指導計画を作成・活用する。

④各教科等の指導の際は,個々の障害特性に応じた指導内容・方法の変更・調整をする。

⑤いじめと障害のある児童生徒とが関連していることがあるので,いじめ防止などを検討する際には留意する。

学校と保護者との間で①について意思疎通ができていないことがありますが,障害者基本法第16条第2項に「・・・障害者である児童及び生徒並びにその保護者に対し十分な情報の提供を行うとともに,可能な限りその意向を尊重しなければならない。」と規定されていることをふまえて,本人や保護者の意向を最大限尊重しながら就学相談や教育相談にあたる必要があります。

②と③については,2017年に公示された新学習指導要領において,充実をはかることが求められています。特に③の二つの計画の作成・活用については,通常の学級では努力義務に,特別支援学級等では義務になっています。

④については,学習指導要領での各教科等の指導時の配慮事項として示されるとともに教科等別の学習指導要領の解説において事例が示されていますので,それを参考にして具体的な変更・調整について検討してください。

また,各校で策定している「いじめの防止等のための対策に関する基本的な方針」などに基づいて指導する際には,障害特性等について教職員や周囲の児童生徒が理解できていないことが,「いじめ」につながったり,「いじめ」を助長したりすることがありますので,文部科学省が公表している「生徒指導提要」などを参考にして,対応を検討してください。

インクルーシブ教育システムの構築を各校で進めるには,校長のリーダーシップの下で,管理職内での役割分担や特別支援教育コーディネーターの指名と活用,教職員の役割分担,生徒指導や学校保健関係者との連携など,学校が組織として機能する体制を整え,特定の人だけにまかせきりにしないようにすることが大切です。

(関西学院大学教授　丹羽　登)

4 インクルーシブ教育システムの学習指導要領上の意義と取り扱い

インクルーシブ教育を進めるために，障害による学習面や行動面での困難さに応じた合理的配慮を行うとのことですが，実際に教育課程上，どのようなことを行えはいいのでしょうか。

1. 障害者差別解消法と合理的配慮

2016年4月に障害者差別解消法が施行されました（「差別解消法の概念図」については内閣府のWeb頁を参照）。同法は障害者基本法第4条に示されている，①障害を理由とする差別等の権利侵害行為の禁止，②社会的障壁の除去を怠ることによる権利侵害の防止，③国による啓発・知識の普及を図るための取組，の各項目で示されていることを具体化した法律です。同法では，②の社会的障壁の除去を怠る（合理的配慮を提供しない）ことも障害者の権利侵害だとして防止することを求めています。そこで，同法では合理的配慮を提供することを，国や地方公共団体等には法的義務とするとともに，企業等には努力義務としています。

2. 合理的配慮とは

障害者権利条約第2条では，合理的配慮を次のように定義しています。

> 「合理的配慮」とは，障害者が他の者との平等を基礎として全ての人権及び基本的自由を享有し，又は行使することを確保するための必要かつ適当な変更及び調整であって，特定の場合において必要とされるものであり，かつ，均衡を失した又は過度の負担を課さないものをいう。

簡潔に「個別に必要とされる理にかなった変更・調整」だといえます。理にかなったとは「公平性がある」「過度の負担を課さない」という意味です。

教育における合理的配慮については，中央教育審議会初等中等分科会がワーキンググループを設置して審議が行われました。審議の中で，合理的配慮は個別に必要とされるものであり，不特定多数の人を対象として行う環境整備と分けて考える必要があるということで，図1のようなイメージ図を示しています。

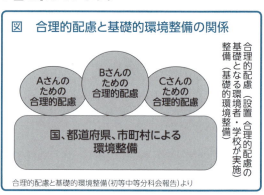

図　合理的配慮と基礎的環境整備の関係

合理的配慮と基礎的環境整備（初等中等分科会報告）より

合理的配慮は，個々の児童生徒の障害の状態や年齢，意欲，基礎的環境の整備状況等により異なりますので，個別具体的に検討していく必要があります。その際に過不足なく検討を進めるために，同分科会報告では観点として次の3観点11項目に分けて示されています。

3. インクルーシブ教育システムの構築と合理的配慮

インクルーシブ教育システムの構築を目指し，児童生徒がさまざまな学びの場で効果的に学習できるようにするためには，基礎的環境整備と合

表　合理的配慮の観点

① 教育内容・方法
　①-1　教育内容
　　①-1-1　学習上又は生活上の困難を改善・克服するための配慮
　　①-1-2　学習内容の変更・調整
　①-2　教育方法
　　①-2-1　情報・コミュニケーション及び教材の配慮
　　①-2-2　学習機会や体験の確保
　　①-2-3　心理面・健康面の配慮
② 支援体制
　②-1　専門性のある指導体制の整備
　②-2　幼児児童生徒，教職員，保護者，地域の理解啓発を図るための配慮
　②-3　災害時等の支援体制の整備
③ 施設・設備
　③-1　校内環境のバリアフリー化
　③-2　発達，障害の状態及び特性等に応じた指導ができる施設・設備の配慮
　③-3　災害時等への対応に必要な施設・設備の配慮

理的配慮の提供が不可欠です。基礎的環境整備は管理職や学校設置者などが中心となって進めますが，合理的配慮は，原則本人またはその保護者の要請により検討し，本人・保護者と学校とが合意した上で実施されるものです。

ただ，学校が，明らかに配慮したほうがよいと思うことであっても，本人・保護者が要請しないまたは知らない場合があります。ですので，個人懇談などの際に教職員から必要とする配慮などを示して，本人・保護者の合意を得るなど積極的に提案をすることも大切です。

4. 合理的配慮の提供と各教科等の指導時の配慮事項

インクルーシブ教育システムを構築するためには，特別支援学級などでの指導の充実とともに，通常の学級での指導も充実させる必要があります。通常の学級に在籍する障害のある児童生徒も合理的配慮の対象となりますので，合理的配慮の観点の最初に示されている，「教育内容・方法」について検討し，日頃の指導に生かす必要があります。

このような教育内容・方法の変更・調整を確実に進めるため，新学習指導要領の総則では，個々の児童生徒の障害の状態などに応じた指導内容や指導方法の工夫を組織的かつ継続的に行うことが示されました。

さらに，総則だけでなく各教科等の指導上の配慮事項としても，学習上の困難に応じた指導内容や指導方法の工夫をすることが明記されるとともに，学習指導要領の各教科等の解説において具体的な例が示されました。

各校で，これらの例示や，国立特別支援教育総合研究所がWebサイト上で公表している合理的配慮データベース「インクルDB」などを参考にしながら，具体的な合理的配慮の内容を検討してみてください。

5. 指導内容や指導方法の工夫と個別の教育支援計画などの作成・活用

合理的配慮として本人・保護者と合意した内容については，文面として残して次の担任へと引き継いでいくことが必要です。そこで分科会報告では，個別の教育支援計画に新たに枠を設けたり新たな頁を設けたりして，そこに合意した内容を記載することを求めています。

また合意した内容をふまえて，個々の児童生徒の実情に応じて指導内容や指導方法を工夫し具体的な指導につなげるために，個別の指導計画を作成・活用することも必要になります。

そこで，新学習指導要領では個別の教育支援計画と個別の指導計画の作成・活用を努力義務とするとともに，特別支援学級に在籍する児童生徒については作成・活用を義務づけています。

学習指導要領の改善事項の中には，インクルーシブ教育システムの構築を具体的に進めるために必要な項目が含まれていますので，各校で学習指導要領をふまえて，児童生徒の実態や地域の実情などに応じた教育課程を編成し，指導を効果的に展開してください。

（丹羽　登）

理論編

5 インクルーシブ教育を目指した教育課程の編成

インクルーシブ教育を目指した教育課程の編成では，どのようなことを明記していく必要がありますか。特に，家庭と教育と福祉の連携「トライアングル」プロジェクトの視点を取り入れた教育課程の編成の視点を教えてください。

1. 教育課程の意義

学校において編成する教育課程は，学校教育の目的や目標を達成するために，教育の内容を児童の心身の発達に応じ，授業時数との関連において総合的に組織した各学校の教育計画といえます。その編成に当たっては，学校の教育目標の設定，指導内容の組織および授業時数の配当が教育課程編成の基本的な要素になります。

学校においては，校長を中心として全教職員が連携協力しながら，児童の心身の発達段階や特性および学校や地域の実態を考慮し，創意工夫を加え，学校として統一のあるものとして，特色をもった教育課程を編成することが重要です。特にインクルーシブ教育を目指した教育課程においては，校長のリーダーシップのもと，障害のある児童などに学校全体で組織的な取り組みが実現できるように教育課程に明確に位置つけていくことが大切です。

2. インクルーシブ教育システム構築を目指す学習指導要領をふまえた教育課程の編成

小学校学習指導要領（2017（平成29）年告示）では，各教科の「第3 指導計画の作成と内容の取扱い」において，すべての教科等で「障害のある児童などについては，学習活動を行う場合に生じる困難さに応じた指導内容や指導方法の工夫を計画的，組織的に行うこと」と示されました。そして，すべての教科等で「①学びの過程で考えられる【困難さの状態】を把握し，②【指導の工夫の意図】を持った上で，③【手立て】を講じていく」ことが求められています。

校長は，この学習指導要領などの趣旨や内容をふまえ，障害のある児童の学習活動における困難さに応じた指導内容や指導方法の工夫を計画的，組織的に行うための教育課程を編成していくことが重要です。特に各教科等の指導が充実するよう教育課程の編成において，以下のことを明確にして，全教職員が計画的・組織的に指導できるようにしていく必要があります。

①学びの過程における【困難さの状態】の把握
②【指導の工夫の意図】を明確化
③具体的な【手立て】の実施

3. 切れ目のない継続的な指導・支援の充実を目指す教育課程の編成

小中学校に在籍する発達障害などの可能性がある児童生徒には，教育と福祉が連携して，地域で切れ目ない支援が求められています。そのため，2017年12月に「家庭と教育と福祉の連携「トライアングル」プロジェクト〜障害のある子と家族をもっと元気に〜」が発足しました。

(1) 教育と福祉の連携，保護者支援に係る課題

プロジェクト報告（2018年3月）では，教育と福祉の連携に係わる課題において，学校と障害児通所支援事業所などとで児童生徒に必要な支援情報が共有されにくい現状があげられています。

そのため，例えば学校と放課後等デイサービス事業所において，お互いの活動内容や課題，担当者の連絡先などが共有されていないことなどにより，円滑なコミュニケーションがはかれておらず連携できていない課題が示されています。

(2) 家庭と教育と福祉の連携「トライアングル」プロジェクトにあげられた対応策

プロジェクト報告では，家庭と教育と福祉の連携の現状と課題をふまえ，教育と福祉との連携を推進するための方策を次のように示しています。

①教育委員会と福祉部局，学校と障害児通所支援事業所などとの関係構築の「場」の設置。

②学校の教職員などへの障害の子供に係る福祉制度の周知。

③学校と障害児通所支援事業所などとの連携の強化。

④個別の支援計画の活用促進。

個別の支援計画のうち教育機関が中心に作成している「個別の教育支援計画」については，国は各学校が保護者や医療，福祉，保健，労働などと連携して，しっかりと作成できるよう，必要な規定を省令に置くこととしています。加えて，学校生活だけでなく家庭生活や地域での生活を含めた一貫した支援がより一層組織的・継続的かつ計画的に進められるよう，個別の教育支援計画の作成・活用に保護者や関係機関の参画を促す必要性が提言されています。

●トライアングルプロジェクトの推進

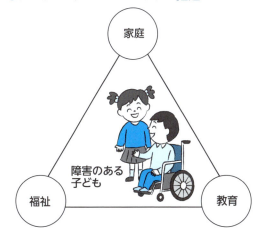

(3) 個別の教育支援計画の作成・活用の推進

家庭と教育と福祉の連携「トライアングル」プロジェクト報告をふまえ，校長は，教育と福祉との連携を推進する教育課程の編成をしていく必要があります。そのために，個別の教育支援計画の作成・活用を教育課程に明確に位置づけ，障害のある児童が切れ目のない指導・支援を実現していくことが求められます。

校長は，個別の教育支援計画の作成・活用において，保護者をはじめ，児童に係わる関係機関などの連携をはかり，関係機関と協働して支援策などを検討していけるようにしていく必要があります。そのうえで，個別の教育支援計画を中学校などに確実に引き継ぐ取り組みを進めていく方策を明記しておくことが大切です。

また，中学校では，小学校で作成・実施してきた個別の教育支援計画を活用して生徒の支援内容や方法などを確実に引き継ぎ・実施していくことを教育課程に明記しておく必要があります。例えば，発達障害などの児童が小学校のときに利用していた放課後等デイサービス事業所と小学校とで連携して実施してきた支援などを個別の教育支援計画に明記し，中学校に引き継ぎ，中学校においても同様な支援を実施していくことが求められます。このように個別の教育支援計画の作成・活用・引き継ぎを教育課程に明記することは，発達障害などの児童生徒に連続的で継続的な支援を行っていくうえでとても重要な取り組みになります。

（十文字学園女子大学教授　中西　郁）

理論編

6 教育委員会との連携をどのようにはかるか。

学校は，インクルーシブ教育システムの構築のために，教育委員会とどのように連携していくことがよいのかを教えてください。

1. インクルーシブ教育システム構築のための特別支援教育の推進

インクルーシブ教育システム構築には，

①障害のある児童生徒が，その能力を最大限に伸ばし，自立し社会参加することができるよう，医療，保健，福祉，労働などとの連携を強化し，社会全体のさまざまな機能を活用して，十分な教育が受けられるよう，障害のある児童生徒の教育の充実をはかること。

②障害のある児童生徒が，地域社会の中で積極的に活動し，その一員として豊かに生きることができるよう，地域の同世代の児童生徒や人々との交流などを通して，地域での生活基盤を形成するためにも，可能な限りともに学ぶことができる配慮をすること。

③障害者理解を推進することにより，障害のある人や児童生徒がともに学び合い生きる中で，公平性を確保しつつ社会の構成員としての基礎をつくっていくこと。

が重要とされています。これらの関係機関との連携の強化や地域での生活基盤の形成などを実現するには，学校と教育委員会とが連携して取り組んでいくことが不可欠です。

2. 医療，保健，福祉，労働などとの連携をはかるための教育委員会との連携

2017年12月に発足した[家庭と教育と福祉の連携「トライアングル」プロジェクト～障害のある子と家族をもっと元気に～]では，教育と福祉の連携の重要性について示されました。その対応策の一つには，個別の教育支援計画の活用促進について提案されています。そのために学校は，個別の教育支援計画が関係機関と円滑かつ有効に作成・活用できるように教育委員会と連携をはかっていく必要があります。

特に，教育委員会と連携をはかることで，福祉部局や障害児通所支援事業所などとの関係構築の「場」の設置などにつなげ，個別の教育支援計画の作成・活用の基盤を構築していけるようにすることが大切です。そして，児童生徒の成長記録や指導内容などに関する情報を，必要に応じて関係機関と共有し活用していき，早期から成人に至るまでの一貫した指導・支援ができるようにしていくことが重要です。

3. 就学支援などの充実に係る教育委員会との連携

(1) 就学先決定などに係る教育委員会との連携

インクルーシブ教育システムでは，障害のある児童が可能な限り障害のない児童とともに学ぶことができる配慮が求められています。そのために，就学先の決定の際には，障害の状態，本人の教育的ニーズ，本人・保護者の意見，教育学，医学，心理学などの専門的見地から意見，学校や地域の状況などをふまえた総合的な観点から就学先を決定する仕組みとなりました。

その際，教育委員会と学校とが連携して，児童本人・保護者に対して十分情報提供をするととも

に，児童本人・保護者の意見を最大限に尊重しつつ，障害のある児童の教育的ニーズと必要な支援について合意形成を行うことが求められています。そのために校長は，教育委員会と連携をはかりながら，障害のある児童の指導の充実のために校内支援体制を確立していく取り組みが求められます。また，就学時に決定した「学びの場」を固定的なものと考えるのではなく，児童の発達の程度，適応の状況などを教育委員会などと情報共有をはかりながら，必要に応じて柔軟に転学するなど「学びの場」を選択できるよう学校間連携をはかっていくことも大切です。

(2) 合理的配慮およびその基礎となる環境整備に係る教育委員会との連携

教育委員会と学校は，障害のある児童生徒が十分に教育を受けられるために合理的配慮およびその基礎となる環境整備が求められます。この合理的配慮は，一人ひとりの障害の状態や教育的ニーズなどに応じて決定されるものです。合理的配慮の提供は，教育委員会と学校とが連携し，児童生徒本人と保護者により，発達の段階を考慮しつつ，可能な限り合意形成をはかったうえで決定していくことが大切です。さらに，合理的配慮の決定後も，児童の発達の程度，適応の状況などにより柔軟に見直していくことも必要です。そのようなことからも学校は，現在必要とされている合理的配慮は何か，何を優先して提供するかなどについて，関係者間で共通理解をはかる必要があります。このように，合理的配慮の提供の決定には，教育委員会との連携が重要になっています。

4. 障害理解，交流及び共同学習の推進に係る教育委員会との連携

インクルーシブ教育システムの構築には，障害のある児童生徒などの理解の促進が基盤となります。特に小学校の段階で，障害理解の体験や学びがあるかないかでは，これからの共生社会の担い手である子どもたちの育成に大きな影響を及ぼすことになります。

特に，特別支援学校との間で行われる交流及び共同学習については，双方の学校における教育課程に位置づけたり，年間指導計画を作成したりするなど交流及び共同学習のさらなる計画的・組織的な推進が求められます。校長は，より充実した交流及び共同学習の実施となるよう関係する都道府県教育委員会，市町村教育委員会と連携が重要となります。

5. 特別支援教育推進計画の策定に係る教育委員会との連携

区市町村教育委員会では，特別支援教育の推進・充実に向けて特別支援教育の推進計画が策定されているところは少なくありません。その推進計画は，5年から10年ごとに見直しがはかられています。その策定委員会では，小・中学校の校長先生や副校長先生などが委員として重要な役割を担っています。インクルーシブ教育システム構築には，特別支援教育の推進が不可欠なものとされています。そのためにも，特別支援教育推進計画などの策定においては，校長先生などが策定委員会の委員として，インクルーシブ教育の重要性やインクルーシブ教育システム構築に向けた学校の課題などを教育委員会に伝えていくことが教育委員会との重要な連携となります。また，そのことで推進計画の年次計画にインクルーシブ教育システム構築に向けた整備が盛り込まれ，整えられていくことになります。

(中西　郁)

理論編

7 学校の特別支援教育体制の構築への期待

学校の特別支援教育体制の構築には，校長をはじめとする管理職のリーダーシップが不可欠です。インクルーシブ教育システム構築の理念を明確にし，体制整備をはかるとともに，教職員の専門性向上も課題となります。

はじめに

2012年7月，中央教育審議会初等中等教育分科会から「共生社会の形成に向けたインクルーシブ教育システム構築のための特別支援教育の推進（報告）」（以下，「共生社会報告」）が出されました。共生社会報告は，わが国におけるインクルーシブ教育システム構築の指針として，その後の施策や学校経営，授業づくりを方向づけています。

共生社会報告では，次のように述べています。

「インクルーシブ教育システムにおいては，同じ場で共に学ぶことを追求するとともに，個別の教育的ニーズのある幼児児童生徒に対して，自立と社会参加を見据えて，その時点で教育的ニーズに最も的確に応える指導を提供できる，多様で柔軟な仕組みを整備することが重要である。小・中学校における通常の学級，通級による指導，特別支援学級，特別支援学校といった，連続性のある『多様な学びの場』を用意しておくことが必要である」

障害のある児童生徒と障害のない児童生徒が同じ場でともに学ぶことを追求するという理念を示し，多様な学びの場を用意するという具体的な方途を明確にしています。小・中学校においても，通常の学級，通級による指導，特別支援学級といった多様な場を有機的に機能させ，特別支援教育体制を構築していくことが求められます。

共生社会報告では「小・中学校における特別支援教育の現状と課題」があげられていますが，その筆頭に「障害のある児童生徒の一人一人に対する支援の『質』を一層充実させるため，校長のリーダーシップの下，校内委員会の実質的機能発揮のための全校的体制の構築，個別の指導計画（中略）や個別の教育支援計画の作成・活用，教職員体制の整備についての検討や教員の専門性の向上に取り組むこと」とあります。共生社会報告では，校長をはじめ管理職のリーダーシップの必要性が随所に指摘されています。以下，これらの課題を読み解きながら，小・中学校の特別支援教育体制の構築について考えます。

1. 全校的体制の構築

共生社会報告では，「校内委員会の実質的機能発揮」がいわれています。校内委員会は，校内で特別支援教育に専門性を有する先生を核として，管理職や児童生徒にかかわる先生等で組織されます。担任と特別支援教育コーディネーターなどの連携を軸に，担任が孤立しない支援体制をつくることが喫緊の課題です。特に，授業や生徒指導，保護者対応などについて気軽に相談できる体制があることは重要です。管理職には，実践の先輩という立場からのアドバイザーとしての役割，学校経営の立場からのさまざまな役職との仲介の役割が期待されます。

また，他校との交流及び共同学習を行う場合などは，教育委員会との連携を含め，スムーズに学習が進むような支援も必要でしょう。ときに交流及び共同学習の意義を管理職の先生が正しく理解されていないケースがあります。後述する専門性

の向上は，全校的体制の構築と密接不可分です。

2. 個別の指導計画，個別の教育支援計画

新学習指導要領では，特別支援学級，通級による指導においても，個別の指導計画および個別の教育支援計画を作成することが義務づけられました。特別支援教育は本来，全校の教職員が当事者として行うものですから，これらの作成を担当者まかせにせずに，全校で共有できる体制をつくることが求められます。

現場で作成した書式を学校の教育目標などの大局的視点から指導し，学校の教育目標や他の校内文書との整合性をはかっていくことも管理職の責務です。こうすることで，他の教職員との共有も容易になります。職員会議などで該当する児童生徒についての情報共有機会を設けるなども率先して取り組みたいことです。

個別の指導計画も個別の教育支援計画も保護者の同意の下に作成されます。管理職もこれらの内容を熟知しておくことは，担任支援，保護者支援の基盤になります。

3. 教職員体制の整備

全国的に，通級による指導，特別支援学級の設置が進んでいます。ともすれば孤立化しがちのこれらの場は，担当の先生の努力により，学校の中で認知が進んでいます。管理職もこの点で，率先して通常の学級，通級による指導，特別支援学級の連続性をはかっていくことが求められます。前述の校内委員会の充実や，個別の指導計画等の情報共有を進めることなども教職員体制の整備の一環と見ることができます。

校内に特別支援学級が設置されている場合，特別支援学級と校内の通常の学級との交流及び共同学習を推進することも必要です。共生社会報告では，通級による指導をなるべく自校通級で進められるように教職員体制を整えることも提言されていますが，そのための教育委員会との協議など，管理職に求められる役割です。

また，特別支援教育は担当教員だけでなく，管理職，通常の学級教員，養護教諭，事務職員など，それぞれの役割の中で担われます。その役割を各人の気づきや努力に委ねず，管理職が明示し，組織化していくことも必要です。

4. 専門性の向上

特別支援教育制度がスタートして今日まで，特別支援教育への理解は着実に進んでいます。しかし，未だにその理解は一部の教職員に止まっているのが現実です。校長はじめ管理職のリーダーシップの下，校内での特別支援教育の理解をはかっていくことが重要です。当該児童生徒の状況の共有は，その出発点です。現実にあるニーズは喫緊の課題ですし，一般的な知識よりもはるかに教職員に共通理解しやすいことです。そこから特別支援教育の授業や制度などをリアルに把握していかれればよいと思います。

併せて，特別支援教育の基本的な考え方の研修も必要です。合理的配慮が，いずれはなくしていくべき経過的な指導と誤解されていたというようなことも耳にします。一部の教職員しか理解していないということは，児童生徒への指導のブレにつながります。

管理職自身も，研修が求められます。管理職が特別支援学校からの交流及び共同学習の申し出を，特別支援学校教員による出前授業と誤解されていた例や，各教科等を合わせた指導の趣旨が誤解され，授業づくりに支障が出た例など，管理職の研修ニーズを感じさせる事例もあります。

（植草学園大学教授　名古屋　恒彦）

理論編

8 特別支援学級や通級による指導の位置づけと機能

特別支援学級といえば，知的障害の児童生徒のための学級しか思いつかないのですが，障害種別に応じた専門的な教育の場として，どんなものがあるのでしょうか？

特別支援学級の対象の障害は7つあり，表1にあるように比較的軽度の障害のある児童生徒を対象としています。例えば弱視特別支援学級の対象者は，特別支援学校の対象者よりは障害の程度は軽度であるものの「拡大鏡等の使用によっても通常の文字，図形等の視覚による認識が困難な程度のもの」と書かれています。特別支援学級には，通常の学級に在籍する子供に比べて通常の文字等の認識に時間を要するとともに，（略）特定の教科等の学習が通常の学級においては支障があり，かつ障害による学習上又は生活上の困難を改善・克服するための指導が系統的・継続的に必要な子供を指している」[*1]というように，通常の学級に比べて障害の程度が比較的重度な児童生徒が在籍をしています。

通級による指導の対象者は，表2の通りです。大部分の授業を通常の学級で受けながら，一部の授業について障害に応じた特別の指導を特別な場で受ける指導形態が通級による指導です。知的障害は対象になっていません。通級による指導に関する規定は学校教育法施行規則第140条と第141条にあり，この規則によって，通級の指導のための特別の教育課程を編成することができるわけです。なお，第140条と第141条は，2018年度からの高校通級の実施のために，改正されています。通級の場は，特別支援学校に置くこともできますが，通級によって学ぶことができるのは，通常級の児童生徒です。

「通級による指導の実施形態としては，（1）児童生徒が在学する学校において指導を受ける『自校通級』，（2）他の学校に週に何単位時間か定期的に通級し，指導を受ける『他校通級』，（3）通級による指導の担当教員が該当する児童生徒がいる学校に赴き，又は複数の学校を巡回して指導を行う『巡回指導』」[*2]があります。

通級による指導の内容は，個々の障害による学習上または生活上の困難を克服するための指導であるところの自立活動の指導が中心になります。そして，必要があるときには，障害に応じた

表1　障害の種類及び程度（特別支援学級）

区　分	程　度
知的障害者	知的発達の遅滞があり，他人との意思疎通に軽度の困難があり日常生活を営むのに一部援助が必要で，社会生活への適応が困難である程度のもの
肢体不自由者	補装具によっても歩行や筆記等日常生活における基本的な動作に軽度の困難がある程度のもの
病弱者及び身体虚弱者	一　慢性の呼吸器疾患その他疾患の状態が持続的又は間欠的に医療又は生活の管理を必要とする程度のもの 二　身体虚弱の状態が持続的に生活の管理を必要とする程度のもの
弱視者	拡大鏡等の使用によっても通常の文字，図形等の視覚による認識が困難な程度のもの
難聴者	補聴器等の使用によっても通常の話声を解することが困難な程度のもの
言語障害者	口蓋裂，構音器官のまひ等器質的又は機能的な構音障害のある者，吃音等話し言葉におけるリズムの障害のある者，話す，聞く等言語機能の基礎的事項に発達の遅れがある者，その他これに準ずる者（これらの障害が主として他の障害に起因するものではない者に限る。）で，その程度が著しいもの
自閉症・情緒障害者	一　自閉症又はそれに類するもので，他人との意思疎通及び対人関係の形成が困難である程度のもの 二　主として心理的な要因による選択性かん黙等があるもので，社会生活への適応が困難である程度のもの

「障害のある児童生徒等に対する早期からの一貫した支援について（通知）」25文科初第756号より

表2 通級による指導の障害の程度

障害	程度
視覚障害（弱視）	拡大鏡等の使用によっても通常の文字、図形等の視覚による認識が困難な程度の者で、通常の学級での学習におおむね参加でき、一部特別な指導を必要とするもの
聴覚障害（難聴）	補聴器等の使用によつても通常の話声を解することが困難な程度の者で、通常の学級での学習におおむね参加でき、一部特別な指導を必要とするもの
肢体不自由	肢体不自由の程度が、通常学級での学習におおむね参加でき、一部特別な指導を必要とする程度のもの
言語障害	口蓋裂、構音器官のまひ等器質的又は機能的な構音障害のある者、吃音等話し言葉におけるリズムの障害のある者、話す、聞く等言語機能の基礎的事項に発達の遅れがある者、その他これに準じる者（これらの障害が主として他の障害に起因するものでない者に限る。）で、通常の学級での学習におおむね参加でき、一部特別な指導を必要とする程度のもの。
情緒障害	主として心理的な要因による選択性かん黙等があるもので、通常の学級で学習におおむね参加でき、一部特別な指導を必要とする程度のもの
自閉症	自閉症又はそれに類するもので、通常の学級での学習におおむね参加でき、一部特別な指導を必要とする程度のもの
学習障害	全般的な知的発達に遅れはないが、聞く、話す、読む、書く、計算する又は推論する能力のうち特定のものの習得と使用に著しい困難を示すもので、一部特別な指導を必要とする程度のもの
注意欠陥・多動性障害	年齢又は発達に不釣り合いな注意力、又は衝動性・多動性が認められ、社会的な活動や学業の機能に支障をきたすもので、一部特別な指導を必要とする程度のもの
病弱および身体虚弱	病弱又は身体虚弱の程度が、通常の学級での学習におおむね参加でき、一部特別な指導を必要とする程度のもの

2013年10月4日付 25文科初第756号初等中等教育局長通知より

各教科の内容の補充ををする授業も実施できます。

授業時間数は、年間35単位時間（週に1単位時間）から280単位時間（週8単位時間）を標準とします。（LD、ADHDのある児童生徒は、年間10時間から年間280時間）。これらの時間は、通常の教育の時間に替えることもできますし、加えることもできます。

特別支援学級でも通級による指導でも個別の指導計画の作成が必要です。児童生徒の多様なニーズに対応をするためには、担任だけで対応をするのではなく、総合的な支援の充実をはかることも大切です。

さて、2013年の「学校教育法施行令の一部改正」により、それまでは学校教育法施行令第22条の3に該当する障害の程度の児童生徒は、原則、特別支援学校に就学するという仕組みであったものが、就学について、総合的に判断し決定することとされました。このことにより障害のある幼児児童生徒に対して通常級、通級による指導、特別支援学級、特別支援学校（通学、訪問）などの多様な学びの場の充実が必要になりました。

特別支援学級については、学校教育法第81条に、「小学校、中学校、高等学校及び中等教育学校には、次の各号のいずれかに該当する児童及び生徒のために、特別支援学級を置くことができる」と述べられています。ここでは、高等学校と中等教育学校にも特別支援学級を置くことができるような記述になっていますが、学校教育法施行規則第138条に「小学校若しくは中学校又は中等教育学校の前期課程における特別支援学級に係る教育課程については、特に必要がある場合は、(略)特別の教育課程によることができる」とされているため、高等学校および中等教育学校の後期課程には特別支援学級を置くことができないわけです。

また、第81条には「前項に規定する学校においては、疾病により療養中の児童及び生徒に対して、特別支援学級を設け、又は教員を派遣して、教育を行うことができる」という規定があります。このことを訪問教育に関する規定と思われている方もいます。しかし、この条文そのものが通常校に特別支援学級を置くことができることについて述べたものですので、「教員を派遣して」という文言から訪問教育についても書かれたものだという解釈は間違っています。入院をしている児童生徒の教育のために教員を派遣してもよいということであって訪問教育とは違います。ちなみに、訪問教育を実施できるのは、特別支援学校だけです。訪問教育に関する規則は学校教育法施行規則第131条にあり、参考となる資料は、季刊「特殊教育」第21号（1978年7月）にあります。

*1「教育支援資料」文部科学省
*2「学校教育法施行規則の一部を改正する省令等の公布について（通知）」28文科初第1038号

（鎌倉女子大学准教授　伊藤 甲之介）

理論編

9 特別支援教育コーディネーターの役割・機能と連携について

　毎年，新年度体制を考えるにあたり特別支援教育コーディネーターの指名について頭を悩ませています。その役割とそのために求められる資質について整理できたらと考えています。また，特別支援教育コーディネーターを機能させた特別支援教育を推進するための体制づくり・学校づくりも，どのように留意していけばよいでしょうか。

1. 特別支援教育コーディネーターの役割と求められる資質

　2007年(平成19年)4月に文部科学省が示した「特別支援教育の推進について(通知)」の中で，「各学校の校長は，特別支援教育のコーディネーター的な役割を担う教員を『特別支援教育コーディネーター』に指名し，校務分掌に明確に位置付けること。また，特別支援教育コーディネーターは，各学校における特別支援教育の推進のため，主に，校内委員会・校内研修の企画・運営，関係諸機関・学校との連絡・調整，保護者からの相談窓口などの役割を担うこと。また校長は，特別支援教育コーディネーターが，学校において組織的に機能するよう努めること」と明記されています。

　これを受け，現在小・中学校ではどの学校でも特別支援教育コーディネーターが指名され，特別支援教育にかかわるさまざまな業務を担っています。特別支援教育コーディネーターに期待される役割とそれを遂行するために必要となる資質は，以下のとおりです。

(1) 校内の先生の相談対応

　先生の悩みに耳を傾け，悩みの内容や状況を把握・整理して解決に向けた対応を考えます。そのため，カウンセリングマインドや課題解決能力が求められます。障害のある児童生徒の発達や障害全般に関して，概要をつかんでいると対応がスムーズなものとなります。

(2) 校内外の関係者との連絡・調整

　校内委員会で検討する，専門家から助言を得るなど，担任から受けた相談の対応のため，学校内外の関係者との連絡・調整を行います。交渉能力を含むコミュニケーション能力が求められます。また，迅速にフットワーク軽く対応することも大切です。

(3) 地域の関係機関とのネットワークづくり

　連絡・調整をする中で知り合った関係者のネットワークをつくります。気軽に連絡を取り合える関係づくりをしておくことで，次の課題に素早く対応することができます。地域の連絡会や学習会などに参加して顔をつなぐなど，協力関係の維持・継続をはかるための努力ができることも大切です。

(4) 保護者の相談窓口

　保護者の心配や学校への要望などを聴くことも，コーディネーターに求められる役割です。保護者にもさまざまな思いや事情があります。担任でも管理職でもない，保護者から見て第三者的な立場にある相談窓口があることは心強いものです。特別支援教育コーディネーターには，広く学校全体の動きを視野に入れて対応できる強みがあります。カウンセリングマインドを有することと広い視野を持つことが求められます。

(5) 教育的な支援

　担任が行う児童への支援・指導について助言したり，対応の検討をするために校内委員会を運営したり，研修会を開催したりすることも大切な役割の一つです。校内で特別支援教育を推進する

役割です。企画力やリーダーシップが求められるところです。障害のある児童・生徒の発達や障害全般に関しての知識や経験が豊富であると、自信を持って対応することができます。

2. 特別支援教育を推進する体制づくり

2007年（平成19年）文部科学省初等中等教育局長通知（19文科初第125号）によって、幼稚園、高等学校を含む、すべての学校において特別支援教育を実施することになりました。これにより、小・中学校に在籍するすべての児童生徒が支援の対象となり、すべての先生が特別支援教育に携わることになりました。すべての先生が以下の取り組みに参画することになりました。

①発達障害のある児童などへの対応
②個別の指導計画と個別の教育支援計画の作成（実施，評価）
③交流及び共同学習
④学校全体としての特別支援教育の取り組み
⑤関係機関との連携

その中では、特別支援教育コーディネーターは「特別支援教育を一人で担う人」ではなく、「担う先生方の後押しをする人」です。特別支援教育コーディネーター自身もそうですが、先生一人ひとりがそのことを理解して動けるような意識改革が必要です。

今までやってきたことに特別支援教育関連の仕事がプラスされていくと、「仕事が増えた」「余計なことをやる」と感じる先生もいることでしょう。特別支援教育を推進していくうえでの障壁となるかもしれません。

意識改革を行うときわかりやすいのは、分掌組織を大きく改変するなど、変えていこうとする管理職の姿勢が明確に示されることかと思います。分掌組織の中に特別支援教育の視点を適切に組み込んでいくことができると、新たに行われる業務も負担感なく取り組んでいくことができることでしょう。

しかし、学校によって何を中心課題ととらえて学校運営をしていくかは違います。特別支援教育は学校として取り組んでいく必須の課題ではありますが、中心課題ではないかもしれません。

その場合も、特別支援教育がすべての児童生徒を対象としていて、一人ひとりを大切にする教育であることに変わりはありません。すべての先生がそれを理解して教育活動に携わることが大切です。

特別支援教育コーディネーターにどのような立場の先生を指名するかは学校によりさまざまです。養護教諭や特別支援学級の担任を代々指名する学校もあれば、役割を考えて資質重視で指名する学校もあります。また、各学年に一人指名しコーディネーター組織をつくる学校もあります。

いずれにしても特別支援教育コーディネーターの指名は、特別支援教育の推進・充実をはかるために行われます。学校の現状に合わせた指名と組織づくり・体制づくりが重要となります。

特別支援教育コーディネーターになるために、特別な資格は必要ありません。ですが、さまざまな人とやり取りをする中で、その場での判断を求められることがあります。学校を代表する立場として発言を求められることもあるでしょう。ぜひ、自信をもって外に送り出すことのできる方を指名していただきたいと思います。

（東京都立町田の丘学園　前田 真澄）

理論編

10 インクルーシブ教育で求められる教師の資質・能力とは？

インクルーシブ教育を推進する上で，教師の果たす役割は極めて重要です。では，その教師に求められる資質・能力はどのようなものなのでしょうか。

1. 障害のとらえ方の転換を

　従来の障害のとらえ方は，障害は病気や外傷などから生じる個人の問題であり，医療を必要とするものであるという，いわゆる「障害の医学モデル」という考え方でした。しかし，人はだれしも個性があり，それにより，必要とする支援もさまざまです。例えば，保育では，保育料の減免など，社会的支援があります。障害も一つの個性と考えると，障害のある場合も同じように社会的支援を受けることは自然のことです。

　今後は，障害者が日常生活または社会生活において受ける制限は，さまざまな社会環境との相互作用や社会との関係性のあり方によって生ずるものであるという，「障害の社会モデル」の考え方に転換していくことが大切です。これは，例えば，足に障害のある人が建物を利用しづらい場合，足に障害があることが原因ではなく，段差がある，エレベーターがないなど，建物の状況に原因（社会のあり方の不備ともいえます）があるという考え方です。障害のとらえ方を転換することが，インクルーシブ教育を進めるための第一歩です。

2. 各種の障害に対する深い理解

　発達障害には，LD，ADHD，高機能自閉症（HFA），アスペルガー症候群などさまざまなものがあります。こうした障害について，深く理解していることは，求められる教師の姿として重要です。それぞれの障害特性については，国立特別支援教育総合研究所などの研究成果を把握・活用するようにするとよいです。

　特別支援学級設置校であれば，日常的にこうした児童生徒に接する機会があり，より実感を伴った理解につながりますが，設置校でなくても，通常学級に在籍する障害のある児童生徒に接することで理解は深まります。まずは，障害に対する正しい理解があってこそ，適切な対応が可能になります。

3. 各種の障害に応じた適切な対応

　それぞれの障害の特性把握と同時に，それに応じた適切な対応の仕方について理解・実践できるようにすることが重要です。また，同じ障害であっても，個々の児童生徒により，その発現のしかたは多様であり，個に応じた対応が求められます。

　重要なのは，どのように対応することが「適切な」対応なのかは，個々の児童生徒の状況を的確に把握することから導き出されるということです。この「的確な把握」は，ときには長い時間を要することもあります。模索が続くとき，どう対応したらよいかととまどうことも少なくありませんが，児童生徒に寄り添い，ともに歩み，しっかり見つめることで見えてくるものがあります。見つめる努力を継続しましょう。

4. 障害のある児童生徒の「困り感」の共有と信頼関係の構築

　健常児も障害のある児童生徒も，それぞれがその児童生徒なりの「困り感」をもっています。

困っているが故に，さまざまな課題となる言動が生じる場合があります。その困り感を把握・理解できたとき，対応策が見えてくると同時に，児童生徒と教師の間に心のつながりが生まれます。その「信頼関係」は，教育の前提となるものであり，それなくして教育は成立し得ないものです。

その児童生徒の困り感はどこから来るのか，障害のある児童生徒に寄り添い，課題の解決に向けて，ともに歩むことが重要です。

5. 障害のある児童生徒の保護者との信頼関係の構築

障害のある児童生徒を通常学級の中でよりよい方向に伸ばすためには，その児童生徒の保護者との信頼関係が欠かせません。自分のお子さんの障害に向き合い，積極的に他の児童生徒や保護者にかかわろうとする保護者であれば，信頼関係の構築はさほど困難ではありません。

難しいのは，お子さんの障害になかなか向き合おうとしない場合です。ここで大切なのは，保護者は例外なく，ご自分のお子さんをよくしたいと考えているということを理解することです。そうした心情に寄り添うことなくして，信頼関係の構築は望めません。

そうした保護者の場合，重要なのは，「出会い」です。例えば，小学校入学時であれば，就学時健診のときから保護者との連携は始まります。健診当日は大勢の保護者に対応するため，なかなか時間は取りにくいものです。日を改めて，じっくり時間を取って，お子さんの状況や保護者の方の願いを聞き取るようにします。また，学校でできることを説明し，その上で，入学後，どのような対応をするかについて，ていねいに相談することが大事です。

こうした出会いの中で，「学校は，お子さんのことを大切にします」「どうしたらより成長できるか一緒に考えましょう」などの学校からのメッセージを明確に伝えるのです。そうすることで，信頼関係を築くように努めていきます。信頼関係が築けたら，それは児童生徒にも必ず伝わります。すると，児童生徒にもよい影響が出てきます。こうしたプラスの連鎖をいかに創り出すか，そこに教師の専門性が問われてくることになります。

6. 関係機関との適切な連携

インクルーシブ教育の推進は，学校だけの力で成し遂げられるものではありません。関係するあらゆる機関との連携が欠かせません。どの機関とどのように連携するのか，具体的な役割分担と連携方法を共有し，実行することが重要です。

特に，教育相談室や児童生徒のかかりつけ医との連携は重要です。保護者と信頼関係を築いて同意をいただき，関係医療機関などから情報を入手することは，児童生徒の状況を的確に把握するために極めて有効です。そのことにより，対応のしかたも見えてきます。

7. 何よりも教育者としての「愛情」を

最後に問われるのは，障害のある児童生徒を含むすべての児童生徒に対する「愛情」です。児童生徒が成長する姿を見ることは，教育者としての無上の喜びです。在籍するすべての児童生徒を「かわいい」と思い，教育者として，その成長を支えるという強い熱意が具体の姿として発現するとき，インクルーシブ教育はその実現に向けて確かな歩みを進めることになります。

（明星大学特任教授　怡田 康之）

理論編

11 インクルーシブ教育を推進するために，教職員へどのような研修を行えばよいでしょうか。

教職員にはインクルーシブ教育，ひいては共生社会構築の推進役が期待されています。単に，授業中の特別支援を必要とする児童生徒への対応を知るだけではなく，インクルーシブ教育の理念やそれを支える制度や学校内・外の仕組みを体系的に学び，日々の実践につなげることが必要です。

1. なぜ研修が必要なのか

2007年に特別支援教育が本格実施され，小・中学校における発達障害の児童生徒に対する理解は徐々に進んできてはいますが，十分な対応がなされないままに児童生徒も先生も苦労している事例がまだ少なくありません。また，特別な支援を要する児童生徒の数は増加傾向にあります。

特別支援教育が導入される以前は，障害児は盲，聾，養護学校や特殊学級（現在の特別支援学校・特別支援学級）などの特別な場所で教育を受けるのが基本で，小・中学校の先生のほとんどはその養成過程において障害児教育のことは教えられることなく教壇に立っていました。

2009年に導入された免許状更新制度では，必修の「教育の最新事情に関する事項」の中に含めるべき内容・留意事項の一つとして「特別支援教育に関する新たな課題（LD, ADHD 等）」が含まれるようになりました。また，2017年の教員免許法改定にともない教職を目指す者は「教育の基礎的理解に関する科目」の中で「特別の支援を必要とする幼児，児童及び生徒に対する理解」1単位以上を必ず取らなくてはいけなくなりました。

しかし，それだけではインクルーシブ教育の推進役としては十分ではありません。研修のあり方にはベテランの先生の指導の下，日々の教育実践の中で培うOJTがあります。

ところが，特別支援教育に関しては，「（特別支援学校教諭免許状を有していなくても）幼・小・中・高の教諭免許状を有する者は，『当分の間』特別支援学校の相当する部の教諭等となることができる（法附則第16項）」ために，特別支援学校でさえ当該障害種の免許状保有者の割合は72.7%（2014年度）であり，特別支援学級や通級指導教室には専門性を示す教員免許さえない状況です。

そのため，小・中学校では同じ職場の中に特別支援の専門性の高い先生が少なく，OJTで実践力を身につけるのも限界があります。学校として計画的で体系だった研修が必要になります。

2. 現行の研修の状況と課題はどのようなものか

2017年度特別支援教育体制整備状況調査結果について（文部科学省）によると，公立小学校の特別支援に関する教員研修の実施状況は2014年度以降89%前後ですが，2015年に比べ2017年度は0.5ポイント減となっています。公立中学校の実施率は2014年度以降80%前後となっています。高率ではありますが，ここ4年ほどは頭打ちの状況です。

臼井（2012）は，小・中学校の特別支援教育に関する研修は，企画する際に地域や学校の違いを考慮する必要があることを指摘し，具体的な指導例に対するニーズが高いことを示しています。また，田中（2009）も発達障害のある児童生徒への具体的な指導法，保護者への支援方法，アセスメント，ケースワークなどに関する研修ニーズが高いことを報告しています。八木（2014）は，教員の研修ニーズと研修経験について調査して，教育

現場で求められている特別支援教育に関する情報やニーズと合致しておらず，具体的には研修ニーズが「障害の理解」から「支援方法」へと移行していることを指摘しています。

ただ，一方で受講した研修で「役に立たなかった」と指摘されるものはなく，講義形式や事例分析などのさまざまな形式を駆使して，さらなる研修内容の充実と研修プログラムの構築が必要とされています。

3. 研修の具体例として

文部科学省は「教育センターにおける研修プログラムの例」を示しています。その中で最も内容の厚いプログラムは特別支援教育コーディネーターの養成に関するものです（表）。障害の理解・支援だけでなく「校内体制づくりの実際」や「コーディネーションの評価」に関する演習も例示されています。また，通常学級の担任に対しては，障害児に対する理解研修の他に，「指導力をつけるための研修」が示されています。具体的には対象児童生徒の問題点のとらえ方や指導目標・手立ての立案のしかたや「個別の指導計画」の立案に関するもので2日程度の内容が示されています。

また，インクルーシブ教育の推進の最も鍵になるのが管理職の理解と積極性であるといわれています。上記の研修プログラム例でも管理職向けの研修として「コーディネーターの指名上の留意点」

表 特別支援教育コーディネーターを養成するための研修例

回	研修内容例	時間
1	○特別支援教育とは（講義） ○特別支援教育コーディネーターの役割（講義） ○個人情報の管理（講義）	半日
2	○校内委員会の機能（講義） ○支援体制づくりの実際（演習） ※代表者による提案・協議	半日
3	○LD，ADHD，高機能自閉症の理解と支援（講義） ○従来の特殊教育対象の児童生徒の理解（講義）	1日
4	○LD，ADHD，高機能自閉症の児童生徒の実態のとらえ方，教育的診断のしかた，個別の指導計画作成上の留意点（講義） ○個別の指導計画の立案（演習） ※全員が作成	1日
5	○ソーシャルスキルトレーニングの実際（演習） ※個別の指導計画とビデオによる提案・協議	半日
6	○授業における支援の実際（演習） ※個別の指導計画とビデオによる提案・協議	半日
7	○コーディネーションの評価と次年度の計画立案（演習） ※全員がレポート作成，代表者による発表	半日

「校内委員会と支援体制づくり」などが示されています。日本教育大学協会の報告（2013）では，管理職に対する期待はさらに大きく，管理職に，「在籍障害児への取り組み計画書」や「在籍障害児の教育の実施状況に関する報告」の義務づけ，現行の「特別支援教育体制整備等状況調査結果」に学校長としての意見を記す等の意見が出されています。

今日学校はさまざまな教育課題に直面していますが，一人ひとりを大切にするインクルーシブ教育の推進はその他の課題にも共通する問題を解決していく大きな鍵となるものです。学校づくりの大切な柱に位置づけていただくことを期待します。

参考文献

臼井なずな，高木潤野．小中学校教員の考える特別支援教育の専門性―長野県上小地域における現状と研修ニーズ―，長野大学紀要．2012, 34(1), 55-61.

田中敦士．沖縄県内離島勤務の現職教員における特別支援教育に対する研修ニーズ，琉球大学教育学部紀要．2009, 75, 147-153.

八木成和．特別支援教育に関する小学校教員の研修ニーズ，四天王寺大学紀要．2014, 58, 273-287.

平成29年度特別支援教育体制整備状況調査結果について．文部科学省 http://www.mext.go.jp/a_menu/shotou/tokubetu/1402845.htm

教育センターにおける研修プログラムの例．文部科学省 http://www.mext.go.jp/a_menu/shotou/tokubetu/material/1298213

日本教育大学協会全国特別支援教育研究部門．特別支援教育時代の教員免許問題検討委員会報告．2013.

（東京学芸大学教授　濱田 豊彦）

理論編

12 合理的配慮とは何か？

最近,学校で「合理的配慮」という言葉をよく耳にします。何か配慮する必要があることはわかりますが,どんなときに,だれに,どのような配慮をしたらいいのか,実はよくわからないのです。

1. 合理的配慮の定義

「合理的配慮」については,「障害者の権利に関する条約」(以下,障害者権利条約)に採用されたことで,一般的に知られる概念になりました。障害者権利条約第2条では,「合理的配慮とは,障害者が他の者との平等を基礎として全ての人権及び基本的自由を享有し,又は行使することを確保するための必要かつ適当な変更及び調整であって,特定の場合において必要とされるものであり,かつ,均衡を失した又は過度の負担を課さないものをいう」と定義しています。

また,障害者権利条約第24条では,教育についての障害者の権利を認め,この権利を差別なしに,かつ,機会の均等を基礎として実現するために,障害者を包容する教育制度(inclusive education system)などを確保することとしました。その権利の実現にあたり必要なものとして,「障害のある者が一般的な教育制度(general education system)から排除されないこと」「生活する地域において質が高く,かつ無償の,初等中等教育の機会が与えられること」「個人に必要な『合理的配慮』が提供されること」を位置づけています。

ここまでは条約の内容から見てみましたが,簡単には理解できない部分も多いので,細かく説明してみたいと思います。もともと,障害とは目が見えない,歩けないなどその人がもっている性質から生ずると考えられていましたが,そうした性質のために働けない,さまざまな活動に参加できないような社会の仕組み(人々の偏見,建物,制度など)にも問題があると考えられるようになりました。

例えば,車椅子を利用している人が,一般の人と同様にバスや電車を利用することができたり,建物にエレベーターなどが設置され一人で目的の場所に行くことができたりすれば,障害による移動の不利益は少なくなります。

障害者権利条約では,障害のある人が不利になるのはその人の機能障害のせいではなく,機能障害のことを考えないでつくられた社会の仕組み(社会的障壁)に原因があると考えています。この社会的障壁を超えやすくする具体的な取り組みが合理的配慮の提供と考えてください。また,合理的配慮は原文(英語)では,「reasonable accommodation」と表記されています。「合理的(配慮)」と訳されていますが,実際には「便宜」「助け」と解釈するとよりわかりやすくなります。

2. 学校現場での合理的配慮

合理的配慮は具体的にどのように考えればよいのでしょうか。文部科学省では,障害のある児童生徒などに対する教育を小・中学校で行う場合,合理的配慮の提供として考えられる事項を次のように示しています。

・教員,支援員などの確保
・施設・設備の整備
・個別の教育支援計画や個別の指導計画に対応した柔軟な教育課程の編成や教材などの確保

また，次の表は，障害種別に教育場面で考えられる合理的配慮に関して具体例を示したものです。視覚障害や肢体不自由などの身体障害の場合は比較的わかりやすいですが，発達障害などの場合は，周囲にわかりにくい障害なので，合理的配慮も障害の実態に応じて変わってきます。特に，中学校などでは他の生徒への理解が進まないと特別扱いしているように見えてしまいます。ある意味，障害理解をどのように進めるかが課題になります。

合理的配慮の例（教育場面）

視覚障害（弱視）のAさん
【状態】矯正視力が0.1で，明るすぎるとまぶしさを感じる。黒板に近づけば文字は読める。
○廊下側の前方の座席
○教室の照度調節のためにカーテンを活用
○弱視レンズの活用

学習障害（LD）のBさん
【状態】読み書きが苦手で，特にノートテイクが難しい。
○板書計画を印刷して配布
○デジタルカメラなどによる板書の撮影
○ICレコーダーなどによる授業中の教員の説明等の録音

肢体不自由のCさん
【状態】両足にまひがあり，車椅子を使用。エレベーターの設置が困難。
○教室を1階に配置
○車椅子の目線に合わせた掲示物等の配置
○車椅子で廊下を安全に移動するための段差を解消

知的障害のDさん
【状態】知的発達の遅れがあり，短期的な記憶が困難。
○話し言葉による要点を簡潔な文字にして記憶を補助

病弱のEさん
【状態】病気のため他の子供と同じように，運動することができない。
○体育等の実技において，実施可能な課題を提供

聴覚障害（難聴）のFさん
【状態】右耳は重度難聴，左耳は軽度難聴。
○教室前方・右手側の座席配置（左耳の聴力を生かす）
○FM補聴器の利用
○口形をハッキリさせた形での会話（座席をコの字型にし，他の児童の口元を見やすくする など）

※文部科学省資料より

　また，合理的配慮は，障害者からの意思の表明があった場合，実施に伴う負担が過重でない場合は基本的に対応しなくてはなりません。児童生徒本人からの意思表明が難しい場合は，保護者の意向を尊重したり，学校側から配慮したりするなどの取り組みが必要になります。

3. 基礎的環境整備と合理的配慮

　中央教育審議会では，障害のある幼児児童生徒の支援について，国や地方公共団体が合理的配慮の基礎となる教育環境の整備を行うことが示されました。これが，基礎的環境整備にあたります。右の図を見ていただくとわかるように，基礎的環境整備は各学校が行う合理的配慮の基盤になります。専門性のある先生・支援員などの配置や施設・設備の整備，個別の教育支援計画などの作成や指導，教材の確保などは基礎的環境整備にあたり，この部分が充実すると，合理的配慮の基礎の部分が大きくなります。各学校が，一人ひとりへより充実した合理的配慮を行うことができます。

　反対に基礎的環境整備が充実していないと，各学校では一人ひとりに対する合理的配慮の内容を増やさなければならず，十分な支援をすることが難しくなります。合理的配慮はあくまでも一人ひとりに応じた対応になりますが，その基盤となる基礎的環境整備を充実させることがこれからは必要になってきます。

合理的配慮と基礎的環境整備の関係

※参考：中央教育審議会初等中等教育分科会「共生社会の形成に向けたインクルーシブ教育システム構築のため特別支援教育の推進（報告）」2012年7月より

　合理的配慮は，一人ひとりの障害の実態に応じて違ってきます。文部科学省（各省庁や地方自治体も同様）が公開している，合理的配慮の具体例や，国立特別支援教育総合研究所が「インクルDB」で公開している，合理的配慮の実践事例（360事例以上）は，学校別・障害種別に幼児教育から高等学校までの事例を収録しています。学校や地域での具体的対応が示されていて現場での参考になります。合理的配慮の提供について，各学校で検討していきましょう。

（明官　茂）

理論編

13 ユニバーサルデザインの推進は，どう進めればよいのでしょうか。

「授業のユニバーサルデザイン化」推進のため，学校として何から始めたらよいのか，また，授業の中でどのようなことを意識していけばよいのかよくわかりません。教室環境や学習環境として，基本的なユニバーサルデザインをどのように配慮していけばよいのでしょうか。

1.「ユニバーサルデザイン」がスタンダードになる

　一般的にユニバーサルデザインといえば，年齢や性別，人種や障害の有無などにかかわらず，たくさんの人が利用しやすいような環境づくりを行うことをさします。ここ数年，教育界においても特別支援教育の視点を取り入れ，「授業のユニバーサルデザイン化」として，すべての児童生徒が「わかる」「できる」ようになるための指導法の工夫が数多く実践されているところです。

　国の障害者の権利等における法整備が整ってきたこともあり，2017年に公示された学習指導要領においても，すべての教科において「障がいのある児童（生徒）などについては，学習活動を行う場合に生じる困難さに応じた指導内容や指導方法の工夫を計画的，組織的に行うこと」という記述が入り，通常の学級においても個別の配慮を要する児童・生徒に対して指導の工夫を行うことがより一層求められるようになりました。すなわち，これからの時代「ユニバーサルデザイン化」された授業が「特別」ではなく，教育のスタンダードになったということです。先生方が強くその必要性を感じているのは，このような背景からではないでしょうか。そこで本テーマでは，本校で研究している具体例をいくつかあげながら，配慮のポイントを紹介していきたいと思います。

2. まずは「実態把握」から

　具体的な指導方法を考えていく上で最も大事なことは，クラスの児童の実態を適切に把握するということです。一般的にどんなにいい指導方法であっても，クラスにいる支援の必要な児童・生徒にマッチングしたものでなければ効果は得られません。「児童観・生徒観」を十分に検討した上で，手立てを考えていくことが重要です。

●観点の例としては
○どんなところに，つまずきがあるのか（既習事項の定着度はどの程度か？）
○認知面での特性はどのようなものであるか（視覚情報・音声情報・文字情報など，理解しやすい手段は何か？）
○児童生徒の生活経験はどの程度か（脳内でイメージできる範囲はどの程度か？）
○適切な情報量はどのくらいか（一度に理解できる量はどの程度か？）

　児童生徒の実態を明確にすることで，支援の必要な子にとっても，全体にとってもわかりやすい授業が展開できます。

3. 取り組みやすい「環境」をつくる

　実態把握を行うと，自分の学級の児童生徒たちの「困り感」に気づくことと思います。急な予定変更に対して不安を感じる子，手順がわからなくなってしまう子，ルールの理解が難しくなってしまう子など，その困り感はさまざまであると思います。しかし，もし先生がその不安要素を取り除くことで，児童生徒が安心・安定して学習に取り組むことができるのであれば，こんなによいことはありません。そのため「学習に関する環境を整える（調

整する）」ということが有効な手立てとなります。

●具体的な例としては
○視覚刺激に弱い子
　→教室内(特に黒板周辺)の掲示物を外す。
○予定変更に弱い子，
　手順がわからなくなってしまう子
　→学習の流れを提示する
○ルールがわからなくなってしまう子
　→ルールを可視化する
○文字情報に弱い子
　→イラストや写真で説明する

【手順の明確化】
着替える順番を掲示
→次にやることがわかる

【ルールの明確化】
傘立てに番号をふる
→自分のしまう場所がわかる

　今まで教室や校内で，「できてあたり前」「わかってあたり前」「あってあたり前」と，あたり前として扱われてきたものを，児童生徒の実態に応じて見直し改善することが必要なのです。また，失敗しても大丈夫という雰囲気づくりも大切です。人間関係も含め，安心・安定して取り組める環境づくりをすることが大変重要です。

4. 取り組みやすい「学習のパターン」をつくる

　学習内容を構造的にすること，別のいい方で表現すると，「学習のパターン」をつくることは，有効な手立ての一つです。支援の必要な児童生徒も見通しをもてることで，安心・安定して学習に取り組むことができます。

　また，人間が集中できる時間はおよそ15分間といわれています。そこで本校では，45分の授業の中に三つ以上の活動を入れて取り組むよう心掛けています。

●大まかな流れの例としては
○とらえる(焦点化された内容での課題把握)
○広げる(ペアトークなどによる共有化)
○深める(応用問題，個別化された問題)

　この中に，実態把握でとらえた必要な支援を取り入れます。本校では，児童の実態をふまえ，教室内に整備されているICT機器を用いた視覚支援を充実させることや，思考整理や学習理解のためのペアトークにも力を入れています。

　また，発達段階によってはより細かく活動を入れたり，国語の読解であれば，劇化するなど動作的な活動を取り入れたりすることで，理解が深まるよう心掛けています。その学校の実態に合わせた学習パターンは何かを考え，先生が変わっても児童が安心して見通しをもって取り組めるよう，学校全体で取り組むことが大変重要なのです。

(東京都大田区立東糀谷小学校校長　大場 寿子／同校主任教諭　荻野　友)

理論編

14 個別の教育支援計画と個別の指導計画の作成と活用の推進

「個別の教育支援計画」「個別の指導計画」をどのように作成し，活用していったらよいのでしょうか。また，個別の指導計画の活用をはかることや，個別の指導計画の内容を充実させる指導のポイントを教えてください。

　小学校学習指導要領（2017年告示）では，「障害のある児童などについては，家庭，地域および医療や福祉，保健，労働等の業務を行う関係機関との連携をはかり，長期的な視点で児童への教育的支援を行うために，個別の教育支援計画を作成し活用することに努めるとともに，各教科の指導に当たって，個々の児童の実態を的確に把握し，個別の指導計画を作成し活用することに努めるものとする（第1章総則第4児童の発達の支援）」ことが明記されました。

　さらに，「特に特別支援学級に在籍する児童や通級による指導を受ける児童については，個々の児童の実態を的確に把握し，個別の教育支援計画や個別の指導計画を作成し，効果的に活用するものとする（第1章総則第4児童の発達の支援）」とされ，特別支援学級に在籍する児童や通級による指導を受ける児童については，「個別の教育支援計画」や「個別の指導計画」の作成と活用が義務づけられました。中学校においても同様な表記，取り扱いになっています。

　小・中学校の管理職は，個別の教育支援計画や個別の指導計画の意義や活用方法などを教職員に周知し，障害のある児童生徒への教育的支援が効果的に実施できるようにする責務があります。

1. 個別の教育支援計画の作成の意義

　個別の教育支援計画は，児童生徒一人ひとりの教育的ニーズを正確に把握し，教育の視点から適切に対応していくという考えのもとに，乳幼児期から学校卒業後までにわたり，一貫して的確な教育支援が受けられるようにするため，本人・保護者をはじめ，教育，福祉，医療，労働などの関係機関との連携をはかりつつ作成する計画です。

> **個別の教育支援計画の特徴1**
> 乳幼児期から学校卒業後までにわたり，一貫して的確な教育支援を行う計画

> **個別の教育支援計画の特徴2**
> 本人・保護者をはじめ，教育，福祉，医療，労働などの関係機関と連携をはかりつつ作成する計画

　早期から一貫した支援の実施には，障害のある児童生徒の成長記録や指導内容などに関する情報について，本人・保護者の了解を得た上で，その扱いに留意しつつ，必要に応じて関係機関と共有し，活用していくことが重要です。このような観点から小学校の管理職は，幼稚園や保育所などで作成された個別の教育支援計画などを有効に活用していくことが求められます。さらに，小学校で作成した個別の教育支援計画を，中学校などに確実に引き継ぐ取り組みを進めていかなければなりません。

　また，中学校の管理職は，小学校で作成した個別の教育支援計画を参考に，中学校での支援内容・方法を検討・実施していくとともに，高等学校などに確実に引き継ぐ取り組みを進めていかなければなりません。

2. 個別の指導計画の作成の意義

個別の指導計画は，児童生徒の障害の状態に応じたきめ細かな指導を行うために，児童生徒一人ひとりの学校における指導目標や指導内容・方法などを，各教科・領域等の全体にわたり作成される計画です。

> **個別の指導計画の特徴**
> 児童生徒一人ひとりの学校における指導目標や指導内容・方法等を，各教科・領域等の全体にわたり作成される計画

管理職は，個別の指導計画を作成・活用するメリットを教職員に周知し，個別の指導計画を活かして各教科・領域の指導をはじめ，学校全体の指導が充実するようにしていく必要があります。

3. 支援会議による計画・支援の充実

アメリカでは，IEP（個別指導計画）会議を開催し，子どもにかかわる関係者で話し合いをもち，子どもが年間を通じてどのように学ぶかを決めるなど，子どもの学習や生活の充実をはかっている州が多くあります。今後，日本においても児童生徒本人，保護者，児童生徒にかかわる関係者で実施する支援会議をより意義あるものにして，個別の教育支援計画などに基づく支援の充実をはかっていくことが求められます。

> **個別の指導計画の活用をはかる指導のポイント**
> ○ 児童生徒の様子や指導目標・内容等について，教職員の共通理解をはかる。
> ○ 校内支援体制づくりに活用する。
> ○ 個別指導や集団活動での配慮や支援の充実をはかる。
> ○ 個別の指導計画を基に適宜評価を実施し，指導内容や方法などを見直すことで，効果的な指導につなげる。
> ○ 上級学年への引き継ぎや中学校などへの引き継ぎ資料として活用させ，小・中学校などで一貫性や系統性のある指導となるようにする。

個別の指導計画の内容を充実させる指導の鉄則5

鉄則1　個別の指導計画は保護者との約束と考える。
　　個別の指導計画の指導・支援内容は，保護者との約束と考え，保護者がわかるよう，児童生徒の学ぶ姿が目に浮かぶように具体的な表現にする。

鉄則2　短期目標（注）は達成可能で具体的な目標にする。
　　児童生徒の学習などの状況により，達成できる課題設定に困惑する児童生徒の場合は，先生の支援の内容や程度，環境（場所や人）の条件を変えて目標を設定したり，数値を入れた目標にするなど工夫する。
　　（注）短期目標とは，約半年間での目標。

鉄則3　授業に結びつく，具体的な目標・内容とする。

目標として課題がある表現	理由	改善の方向	適切な表現
・平仮名，片仮名，感じをていねいに書く。	・「ていねいに書く」という目標は，どのような指導をするのか，どのように書いてあれば，ていねいに書いたと評価できるのかあいまいな表現です。	・具体的な指導内容を明記した目標にしましょう。 ・指導の成果などや評価する点を明らかにした目標にしましょう。	・文字のバランスを意識し，仮名文字や新出漢字の字形を整えて書く。

鉄則4　目標は精選し，できれば一つか二つにする。
鉄則5　「手立て（支援方法）」も具体的な内容にする。

（中西　郁）

理論編

15 交流及び共同学習の意義と推進

　交流及び共同学習を行っていくことは，事前の準備や時間調整，活動内容の工夫など，大変な労力を要します。また，行事の交流ならまだしも，授業での協働的な学習に参加させることは，高学年になるとかなり難しいのではないかと考えています。

1. 交流及び共同学習とは

　障害者基本法第16条第3項には「障害者である児童及び生徒と障害者でない児童及び生徒との交流及び共同学習を積極的に進めることによって，その相互理解を促進しなければならない」とあります。この条文をふまえて障害のある児童生徒と障害のない児童生徒とが一緒に学ぶ活動を「交流及び共同学習」といいます。

　障害のある児童生徒と障害のない児童生徒が一緒に活動する際には，一緒にいるという交流の側面と，ともに学ぶという共同学習の側面とがあり，指導の場によっては，それぞれの比重は異なるかもしれませんが，必ず両側面が存在しますので，それらは分かちがたいものと考えられます。そこで学習指導要領でも「交流及び共同学習」という一つの用語として用いられています。なお，児童生徒どうしの活動ではない場合には，地域の人との交流，高齢者との交流と，使い分けられています。

　「交流及び共同学習」が障害者基本法で明記されたのは2004年です（当時は第14条第2項）。この頃は国際的な動きとして，2002年から「障害者権利条約に関する国連総会アドホック委員会」が開催され，障害者権利条約作成の是非も含めた検討や条約草案の作成などが行われ始めており，特に教育については，インクルーシブ教育システムを構築することが求められるようになっていました。同じ場所で活動するという「インテグレーション」から，可能な限り一緒に学ぶことを求めつつも，個々の能力を最大限まで伸ばすことができる「インクルーシブ教育システム」へとかわる中で，活動を一緒にするだけでなく，一緒に学ぶことも視野に入れた活動になりました。単に「教育活動を共有する」だけでなく，障害のある児童生徒と障害のない児童生徒とが「教育内容面でも一緒」に活動することが求められるようになったといえます。すなわち，「ともに育つ」だけでなく，「ともに学び，ともに育つ」教育へと転換したといえるでしょう。

　2004年頃は，小・中学校の学習指導要領で「交流の機会を設けること」が求められていましたが，徹底されていない学校も見られましたので，特別支援学級（当時は特殊学級）に在籍する児童生徒が，通常の学級で学ぶ機会を適切に設けるとともに，その際の教育内容の充実が求められるようになりました。

　また，特別支援学校（当時の盲・聾・養護学校）では，近隣の小・中学校等と交流の機会を設けることはありましたが，在籍する児童生徒の居住する地域の小・中学校等で交流の機会を設けることは少なかったため，居住地校での交流及び共同学習の機会を増やすことも重要な課題の一つです。

2. 特別支援教育の本格的な実施と交流及び共同学習の意義，推進

　2007年4月の文部科学省通知「特別支援教育の推進について（通知）」では，特別支援教育が共生社会の基礎となるものとあり，特別支援教育

を推進することにより共生社会を形成していくという方向性が示されています。

障害のある児童生徒に対して，障害の状態や学習環境などに応じて，特別な配慮のもとで教育を行うのは重要なことです。しかし共生社会を目指すには，障害のある児童生徒と障害のない児童生徒が活動をともにする機会を設けることが必要になります。障害のある児童生徒にとっては経験を広め社会性や豊かな人間関係を育てることにつながります。また，障害のない児童生徒にとっては，障害のある児童生徒に対する正しい理解と認識を深めるとともに，障害のある児童生徒との仲間意識を育む中で，自分の生活や学習態度を顧みるよい機会となります。そこで新しい学習指導要領では「障害者理解教育，心のバリアフリーのための交流及び共同学習」の推進を求めていますので，そのような観点からの指導も心掛けてください。

また，実施に当たっては，双方の児童生徒のニーズに適した指導内容・方法を検討し，計画的，組織的，継続的に実施してください。なお，障害のある児童生徒を紹介する際は，交流及び共同学習の経験や発達の段階などを考慮するとともに，障害名・診断名などを含めたプライバシーの取り扱いにも配慮してください。好きなことや得意なこと，苦手なことなどは紹介する際に重要なことですが，障害名・診断名は個人情報ですし，保護者の中には伝えてほしくないといわれる人もいますので注意してください。

3. 連続性のある多様な学びの場と交流及び共同学習

中央教育審議会初等中等分科会報告「共生社会の形成に向けたインクルーシブ教育システム構築のための特別支援教育の推進」では，多岐にわたって現状と課題，提案が行われていますが，その中の一つとして，通級による指導，特別支援学級，特別支援学校など多様な学びの場を整備するとともに，それらを連続性のあるものにすることが求められています。

学校では，「個に応じた指導」を充実させるため，TTや課題別学習集団での指導，習熟度別の指導，小集団での指導，個別指導など多様な指導形態がとられています。これらは障害のある児童生徒への指導でも有効ですが，これら以外にも下図のように，専門家のアドバイスを受けながら通常の学級で指導するなど多様な指導形態をとることが可能です。特別支援学級と通常の学級との交流及び共同学習を，毎日数時間実施していることもありますし，年間数回だけ実施しているということもあります。障害の状態や年齢，学習内容や学習状況，学習環境などにより実施回数は異なりますが，可能な限り，一緒に学習する機会を確保するようにしてください。

2017年度の学校基本調査によると，特別支援学級は公立小学校では16,308校に設置されており(19,794校中)，82.4%の設置率，公立中学校では7,900校に設置されており(9,479校中)，83.4%の設置率でした。約16～17%の公立小・中学校には設置されていないですが，多くの公立小・中学校では設置されていますので，まずは，特別支援学級と通常の学級とで交流及び共同学習を進めてほしいと思います。

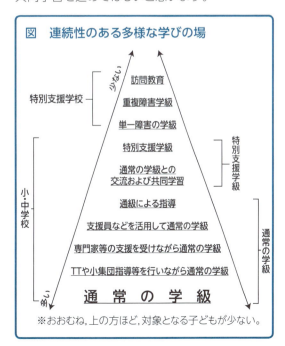

図　連続性のある多様な学びの場

※おおむね，上の方ほど，対象となる子どもが少ない。

（丹羽　登）

理論編

16 管理職として教育(就学)支援委員会には,どのようにかかわればよいのでしょうか。

文部科学省が「就学指導資料」を新たに「教育支援資料」(2013年10月)として示しました。この資料には,「就学指導委員会」から「教育支援委員会」への名称変更も盛り込まれています。これまでの資料とどのように異なるのかよくわかりません。その趣旨および内容について教えてください。

1. 共生社会の形成に向けた「教育支援資料」の趣旨と内容

2006年12月の国連総会において「障害者の権利に関する条約」が採択され,わが国がこの条約に署名・批准したことにより,障害のある児童生徒とその保護者および教育委員会などの関係機関を取り巻く環境が共生社会の形成に向けて大きく変化してきました。

例えば,2011年に障害者基本法の一部改正から始まり,障害者総合支援法や障害者差別解消法の制定等,障害者に関する諸般の制度の整備が進められてきました。また,これと並行して文部科学省でも2012年7月に「共生社会の形成に向けたインクルーシブ教育システム構築のための特別支援教育の推進」の報告書がまとめられました。

そして,文部科学省では,同報告などをふまえつつ,障害のある児童生徒等の就学先決定の仕組みに関する学校教育法施行令の改正を行いました。具体的には,

①就学基準に該当する障害のある児童生徒等は原則特別支援学校に就学するという従来の仕組みを改め,障害の状態等を踏まえた総合的な観点から就学先を決定する仕組みへの改正,

②障害の状態等の変化を踏まえた転学に関する規定の整備,

③視覚障害者等である児童生徒等の区域外就学に関する規定の整備,

④保護者及び専門家からの意見聴取の機会の拡大,などです。

これらのことをふまえて「教育支援資料」では,新たな就学手続の趣旨及び内容はもちろんのこと,早期からの一貫した支援の重要性を明確に打ち出すとともに,市町村教育委員会の就学手続におけるモデルプロセス,障害種ごとの障害の把握や具体的な配慮の観点等についても詳細に解説しています。また,早期からの教育相談等を通じて,障害のある児童生徒等の保護者に対して十分な情報を提供するとともに,関係者がその意向を最大限尊重しつつ,本人の教育を第一に考えていくといった基本姿勢についても提示しています。

さらに,多くの市町村の教育委員会に設置されている「就学指導委員会」については,早期からの教育相談・支援や就学先決定時のみならず,その後の一貫した支援についても助言を行うという観点から機能の拡充をはかるとともに,「教育支援委員会」(仮称)といった名称とすることが適当であることも述べられています。

2. 教育相談・就学先決定において学校関係者に求められること

障害のある児童生徒の教育にあたっては,その障害の状態等に応じて,可能性を最大限に発揮させ,将来の自立や社会参加のために必要な力を培うという視点に立って,一人ひとりの教育的ニーズに応じた指導を行うことが必要です。このため,就学先の決定にあたっては,早期からの相談を行い,児童生徒の可能性を最も伸長する教育が行

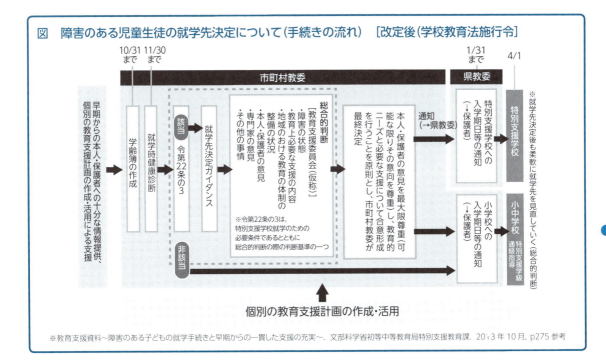

図 障害のある児童生徒の就学先決定について（手続きの流れ）[改定後（学校教育法施行令）]

※教育支援資料〜障害のある子どもの就学手続きと早期からの一貫した支援の充実〜．文部科学省初等中等教育局特別支援教育課．2013年10月，p275 参考

われることを前提に，本人・保護者の意見を可能な限り尊重した上で，総合的な判断をすることが重要となります。

そこで，教育相談・就学先決定において学校関係者に求められることについて，「教育支援資料」には以下のようなことが述べられています。

> 小中学校及び特別支援学校等についても，就学前からの支援を受け継ぐ機関として，障害のある子供への教育支援に対し，幅広く関与していく姿勢が求められる。また，障害のある子供への義務教育の実施を担当する責任はもちろん，就学後における障害の状態等の変化に対しても，各学校の関係者が主体的にフォローを行っていく必要がある。
> これらの前提として，すべての教員は，特別支援教育に関する一定の知識・技能を有していることが求められる。特に，発達障害に関する一定の知識・技能は，発達障害の可能性のある子供の多くが小中学校の通常の学級に在籍していることから必須である。

3. 管理職として教育（就学）支援委員会にどう関わるか

校長や教頭等の管理職は，障害のある児童生徒や特別な配慮を要する児童生徒について正しい知識を持ち，理解を深める必要があります。そして，校内に設置されている「教育（就学）支援委員会」の役割を把握し，リーダーシップを発揮しながら，それらの児童生徒の情報を交換したり適切な支援のあり方を協議したりして，効果的な関わり方や校内の支援体制について一定の方向性を示しつつ，すべての教職員で共通理解をはかるようにしていくことが重要となります。

そのためには，特に就学に関わることについて教育支援資料の趣旨及び内容はもちろんのこと，「障害者差別解消法」などの特別支援教育関連法令などにも熟知しておくことが必要不可欠です。共生社会の実現に向かって，「教育（就学）支援委員会」を活用して学校経営（支援体制・協力体制を支える人づくり・環境づくり等）をしていくことが望まれます。

一方，埼玉県東松山市などのように市町村教育委員会に置かれていた就学支援委員会を廃止し，就学先の選択を本人・保護者の希望で選べる制度に切り替えている場合もあります。このような地域では，児童生徒の転学等において校内就学支援委員会との関りが希薄にならないよう十分な連携が必要となります。

（山形大学大学院教授　三浦 光哉）

理論編

17 保護者とのかかわり方はどのようにしたらよいでしょうか。

障害のある児童生徒の保護者対応は，教育上とても重要です。管理職として，学校体制をどう築き，担任へのアドバイスや保護者対応をどのように行っていけばよいでしょうか。

　管理職は，特別な支援が必要な児童生徒の保護者と直接的にいきなり対応をすることは少ないと思われます。保護者は担任の先生との話し合いを経て，そこで十分な話し合いができず納得ができない場合に，管理職を交えた話し合いを求めてくるからです。

1. 保護者への対応にあたって

　それでは，管理職が行う保護者への対応の第一段階は何でしょうか。それは，特別支援教育の理念をふまえて学校経営方針を立てることです。2007年4月に出された「特別支援教育の推進について（通知）」には，校長の責務として「校長（園長を含む。以下同じ）は，特別支援教育実施の責任者として，自らが特別支援教育や障害に関する認識を深めるとともに，リーダーシップを発揮しつつ，次に述べる体制の整備等を行い，組織として十分に機能するよう教職員を指導することが重要である。また，校長は，特別支援教育に関する学校経営が特別な支援を必要とする幼児児童生徒の将来に大きな影響を及ぼすことを深く自覚し，常に認識を新たにして取り組んでいくことが重要である」と明記されています。

　したがって学校経営方針の一つとして，障害の有無にかかわらずだれもが相互に人格と個性を尊重し支え合う共生社会の実現のため，一人ひとりが社会の一員としてかけがいのない存在であり特別な教育的ニーズのある児童生徒に対して，適切な支援を行うことを盛り込むべきです。そして，職員会議，保護者会，学校運営委員会や学校評議会などで説明し，広範な理解を求めていくことが必要です。

　また，学校の体制づくりも重要です。先の通知では「校長のリーダーシップの下，全校的な支援体制を確立し，発達障害を含む障害のある幼児児童生徒の実態把握や支援方策の検討等を行うため，校内に特別支援教育に関する委員会を設置すること」を求められています。

　校内委員会は，特別支援教育コーディネーターが中心になって進めることが多いかもしれませんが，管理職の指導の下で，特別な支援の必要な児童生徒の存在や実態を把握し，適切な支援につなげられるよう学習指導や生活指導などのあり方を検討することとなります。

　校内委員会では，保護者対応についても話し合いを行うことが多いはずです。保護者が，特別な支援の必要性に気づいていない場合は，担任や特別支援教育コーディネーター等と検討を行った上で，保護者の理解を得ることができるよう慎重にどのような試合を進めていくかを担任にまかせるのではなく，学校としての方針を決めてから進めていく必要があります。

　保護者との話し合いは，担任や特別支援教育コーディネーターが担当することになるでしょうが，管理職としては担当する先生に対して日頃から自分の経験をふまえて保護者支援の重要性を伝えておく必要があります。若くて経験の少ない先生は，自分よりも年長である保護者に対して十

分な説明や適切な関係を築くことが不得手であるかもしれません。

2.保護者との対応で留意すること

障害のある児童生徒の保護者との対応で留意することは,以下の点です。

障害のある児童生徒の子育てにおいて,保護者の多くは子どもの成長の各ステージにおいてさまざまな不安を持ち,ストレスを感じています。学齢段階ですと,子どもの学習,行動面での課題,友だちとの関係,他の保護者との関係,そして先生との関係について不安やストレスを有している場合が少なくありません。

先生は保護者の思いに寄り添って共感的理解をすることを大切だと頭ではわかっているものの,ついアドバイスをしたり,「大丈夫ですよ」といったりすることがあります。保護者が,「先生は私の心配や不安をしっかりと受け止めてくれた」と実感しないと,その後の支援が空回りします。

児童生徒のニーズ(needs)を把握するのは専門家である先生の役割ですが,保護者のニーズを受け止める力も必要です。保護者からの願い(desire)や要望(demand)を受け止めながらも,保護者はどのようなニーズがあるかを考えることによって冷静な対応ができます。「勉強がで きるようになってほしい」は願いですし,「うちの子どもをもっと見てほしい」は要望です。「子どものことをよく見てくれているという安心感」がニーズです。保護者にとってのニーズを考えることが共感的理解につながります。

また,先生が保護者対応に困ることの一つとして,保護者が児童生徒の特別なニーズに気づいていなかったり,気づいていても受け入れようとしなかったりするケースがあります。放任や児童生徒の行動をあたり前であると考えて気づいていないなどのケースです。

学校と家庭での行動に大きな違いがあるかもしれません。学校での様子を一方的に説明すると保護者も反発しますし,学校のせいにするかもしれません。保護者が自分の育て方を責められたり,批判されたりしていると思うような対応は避けるべきです。まずは保護者の心情や願いを理解し,ニーズをくみ取っていくことが大切です。信頼関係を築きながら,学校での様子も見ていただきながら,保護者と協働して支援にあたっていく姿勢が教師に求められます。

必要に応じて,管理職の先生が保護者の方と話し合いをする機会があります。学校での支援方針に基づき,担任の先生のみならず,先生同士で共通理解をして支援を行っていることをていねいに伝えることが安心感を生みます。

担任の先生だけでなく,学校として児童生徒の支援について考えてくれていると保護者に納得してもらうことが大切です。また,母親だけが子育ての不安を抱えている場合には,父親や家族への働きかけも行う必要があるかもしれません。

保護者への支援というよりも,家族支援という視点が求められます。当然,きょうだいへの支援もおろそかにすることができません。支援を必要とする児童生徒に対して,家族そして学校とが信頼関係を築きながら進めていくことが基本です。

学校そして管理職の先生が,保護者対応にバックアップしてくれているという安心感は,先生にとっての励みとなります。

(宇都宮大学教授 池本 喜代正)

理論編

18 関係機関との連携のあり方はどのようにしたらよいでしょうか。

障害のある児童生徒は，小さいときから継続してさまざまな医療機関や療育機関などに関わっていることが少なくありません。学校での教育内容や方法を考えていく上でも影響が大きいと思いますが，関係機関とどのように連携を深めていけばよいでしょうか。

障害のある児童生徒を適切に教育し，健やかに発達させていくためには，学校と家庭だけの力ではうまくいかない場合があります。学校においては，担任の先生だけで対応が困難なケースについては，特別支援教育コーディネーターを中心とした校内委員会において児童生徒の状況把握や具体的な支援方法を協議・検討することから始まります。

校内委員会では，児童生徒の実態・発達特性，幼稚園などの就学前の状況，ノートや作品，諸検査の結果，家庭状況，家庭での様子，現在の学級での様子と手立てなどの情報を整理し，先生の共通認識をはかるとともに，今後の対応について検討を行います。

そして，関係機関との連携の必要性についても話し合います。学校だけではうまく進めることができそうにない場合は，関係機関の協力を求めることとなります。関係機関との連絡・調整役は，特別支援教育コーディネーターが行いますが，関係機関に相談するか否かの決定は，管理職の役割です。

関係機関には，大きく分けて「医療機関」「相談機関」「療育機関」があります。いずれかの関係機関と相談することを決めた場合にも当然のことですが，保護者に対して関係機関と相談する旨を事前に話して，必ず保護者の同意を得なければなりません。保護者との話し合い・同意は，担任と特別支援教育コーディネーター（必要に応じて管理職も参加）が行います。この話し合いでは，お子さんに障害の疑いがあって学校では困っているというスタンスではなく，関係機関で専門家の意見を聞くことによって，お子さんの指導に生かすことができるというスタンスで，保護者の同意を得ていくことが大切です。

保護者の中には，自分の子どもの特性や課題に気づいていない場合も少なくありません。そのような場合は，「うちの子どもは何も問題はない」と拒絶をしたり，「うちの子どもは障害なのですか」と不安を抱いたりすることがあります。児童生徒の課題を保護者と共通認識した上で，児童生徒にとって最善なアプローチを行っていくために関係機関の専門性のある意見を得ることが目的であることを理解してもらいましょう。

医療機関では，児童生徒の発達障害はもとより，種々の障害に関する診断，そして必要に応じて治療を受けることとなります。障害者手帳の取得のための診断書作成や，学校での活動における意見書や指導管理表などを出してもらうこともあります。

学校としては，診断がなくてもできる支援は多くありますが，診断名がつくことにより保護者の態度が前向きになることが期待できます。発達障害の診断が出た場合，保護者は「自分の子育てに問題はなかった」と安心することも少なくありません。注意欠如多動性障害や行為障害，自傷他傷などの行動問題がある場合は，治療が有効ですから，医療機関を活用することがその後の支援につながります。

医療機関に先生が保護者と同行することは少ないですが，保護者が望んだ場合や重篤な行動障害がある場合などは多面的な情報を提供するために同行するのが望ましいでしょう。同行しない場合には，管理職は学校での様子を書面にまとめ，医師に渡すことを担任に指示してください。

　虐待や指導が困難なケースにおいては，学校内外の関係者が集まってケース会議を開くことがありますが，その際に主治医の出席あるいは医療面からの情報提供を依頼します。

　相談機関としては，市町村の教育センター，特別支援学校，大学などの機関があります。教育センターでは，児童生徒の行動観察や保護者や担任の情報を基に，保護者や学校に対して，生活面での配慮や支援，学校生活における支援方法や配慮すべき点を具体的にアドバイスしてくれます。

　また，教育センターでは，発達特性を客観的にとらえるための発達検査も実施し，児童生徒の特性や支援方法についての助言を行ってくれます。それらの情報や検査結果を基に学校としては，児童生徒が適切な教育を受けられるように就学先を見直し，教育支援委員会にあげていくこともあります。

　教育センターが中心となって，学校や幼稚園・こども園などに巡回相談を行っている場合も少なくありませんが，特別支援学校の巡回相談も非常に活用できるものです。特に通常の学校に在籍する視覚障害児や聴覚障害児に対して，盲者・聾者を対象とする特別支援学校の先生が小・中学校へ訪問して先生に対して助言や支援を実施し，当該児の検査や「通級による指導」を実施しています。盲・聾教育の専門性とノウハウを生かした助言と支援を受けることができます。

　また，上記以外の相談機関としては，大学における発達相談，民間の発達支援活動などもあります。そこでの様子を先生にも見学してほしいという保護者からの要望もあるかもしれません。管理職として，先生の専門性と知識を広げるために研修・出張の機会を設けてもらいたいものです。

　療育機関として，近年目覚ましく増えてきている障害児の放課後等デイサービス事業があります。放課後等デイサービスとは，児童福祉法を根拠とした障害のある学齢期児童が学校の授業終了後や学校休業日に通う療育機能・居場所機能を備えた福祉サービスです。

　この事業は2012年に制度化され，多くの民間業者が参入し，利用者数も年々急増し，2018年3月現在での放課後等デイサービス利用児童数は，17万7888人になっています。しかし，放課後等デイサービスの実態としては，療育内容やプログラムの質に差があり，単なるお預かりになっている放課後等デイサービスもあることが問題視され，2017年4月から人員配置の新基準が適用されています。

　学校としては，児童生徒の放課後保障という観点からも，児童生徒が利用している事業所の実態と児童生徒の様子を把握しておく必要があるでしょう。そして，学校と事業所での支援方針について，個別の教育支援計画を活用して共通理解をはかる必要があります。

　これらの関係機関との連携は，保護者の了解のもとで行われるものですし，個別の教育支援計画に記載し，今後の指導・支援に生かしていかなければいけません。

（池本 喜代正）

理論編

19 就学奨励費等の対象経費と支給額等について

　障害がある児童生徒の学校教育においては、さまざまな就学奨励の仕組みがあると聞いています。保護者に聞かれてもよくわからないので、小・中学校に在籍している児童生徒についての概要を教えてください。

1. 就学奨励費とは

　一般的に「就学奨励費」とか、省略して「就奨費」呼ばれることがありますが、正式には「特別支援教育就学奨励費」といいます。文部科学省では、次の様に説明しています。

> 　障害のある幼児児童生徒が特別支援学校や小学校・中学校の特別支援学級などで学ぶ際に、保護者が負担する教育関係経費について、家庭の経済状況などに応じ、国及び地方公共団体が補助する仕組みです。なお、平成25年度より、通常の学級で学ぶ児童生徒（学校教育法施行令第22条の3に定める障害の程度に該当）についても補助対象に拡充しています。
> 　対象とする経費は、通学費、給食費、教科書費、学用品費、修学旅行費、寄宿舎日用品費、寝具費、寄宿舎からの帰省費などがあります。

　就学奨励費は、特別支援学校や小・中学校等の特別支援学級に在籍する児童生徒の保護者の負担能力に応じて、経済的負担を軽減するためのものです。保護者の世帯の前年度の収入額に応じて年度ごとに認定しますので、毎年度申請する必要があります。

　なお、小・中学校の就学奨励費は、市町村ごとに支給対象や支給金額の上限等が決められています。全国一律ではないので注意してください。

　就学奨励費については、文部科学省はが「要保護児童生徒援助費補助金及び特別支援教育就学奨励費補助金交付要綱」に基づいて、市町村が支給した就学奨励費について補助金を交付しています。また、文部科学省は就学奨励費に関する事務手続きが円滑に行えるようにするため、支給対象の経費や支給金額の上限額、負担割合、必要書類の形式などをまとめた資料として「特別支援教育就学奨励費負担金等に係る事務処理資料」（文部科学省）を配布していますので、必要に応じて参考にしてください。

　小・中学校の就学奨励費は、市町村が詳細を定めて保護者に支給し、国は市町村が保護者に支給した金額（上限額は別途通知）の1／2程度を予算の範囲内で補助するという制度です。国と市町村とが負担を分担して支給することになっていますが、市町村が主体的に実施するものですので、実際に保護者が就学奨励費を申請をする場合は、市町村により、支給対象の経費や支給金額の上限、負担割合、世帯の所得制限などが異なり場合がありますので注意してください。特に、保護者どうしで情報交換をする際に、他の自治体に住む保護者から情報を入手して勘違いしていることがありますので、就学相談や教育相談をする際には、就学奨励費についても説明するとともに、自治体ごとに違う点があることも伝えてください。

　管理職として複数年経験している人は、いつ頃申請用紙を保護者に配布し、いつ頃申請するのかということは知っていると思いますが、初めて管理職になられた人は、経験のある人や学校の事務担当者から手続などについて聞いておくようにしてください。なお、保護者から細かい点について質問や相談があった場合は、学校の事務担当者や市町村の担当者に問い合わせて保護者に答え

る，または保護者が直接問い合わせるように伝えてください。

2. 対象者

①小・中学校等の特別支援学級に在籍する児童生徒の保護者

②小・中学校等の通常の学級に在籍する児童生徒で，学校教育法施行令第22条の3に該当する児童生徒の保護者

③小・中学校等の通常の学級に在籍する児童生徒で，通級による指導を受けている児童生徒の保護者（通学に係る特別に要する交通費のみ支給）

支弁区分は，保護者の世帯の前年度の収入額に応じて決められますが，その収入額は市町村ごとに異なりますので確認する必要がありますが，概ね次の値を参考にしてください。

第Ⅰ段階	… 生活保護基準需要額の1.5倍未満の所得額
第Ⅱ段階	… 生活保護基準需要額の2.5倍未満の所得額
第Ⅲ段階	… 生活保護基準需要額の2.5倍以上の所得額

3. 支給対象となる経費・支給額など

文部科学省は，最初に示したように支給対象となる経費などを示していますが，寄宿舎日用品費など，特別支援学校だけの経費も含まれています。国が市町村に，特別支援教育就学奨励費補助金を交付する際の対象とする経費などについて，抽出して下の表にまとめましたので，参考にしてください。

なお，支給対象となる経費，所得制限などの支給条件は市町村によって異なりますから，具体的なことは市町村の担当者に問い合わせる，または学校の事務担当者に聞くようにしてください。

なお，保護者が支給の申請をする際は，それぞれにかかった金額がわかる領収書が必要になります。保護者には必ず領収書を受け取るとともに，申請時まで保管するように伝えてください。

また，学用品購入費に含まれる新入生学用品通学用品費には，ランドセル購入費用なども含めてもかまいません。保護者には，入学する前年に購入した場合でも，領収書を保管しておくように就学相談などの際に伝えて，間違って領収書を捨ててしまって申請できないということにならないようにしてください。

表　小・中学校の就学奨励費の支給対象品と支給金額

経費区分		小・中学校別	Ⅰ・Ⅱ	Ⅲ
学校給食費		小・中学校	実費の1／2	──
交通費	通学費	小・中学校	実費	実費の1／2
	職場実習費	中学校	実費	実費の1／2
	交流及び共同学習費	小・中学校	実費	実費の1／2
修学旅行費	修学旅行費	小・中学校	実費の1/2（上限あり）	
	校外活動参加費（泊なし）	小・中学校	実費の1/2（上限あり）	
	校外活動参加費（泊あり）	小・中学校	実費の1/2（上限あり）	
学用品購入費	学用品通学用品費	小・中学校	実費の1/2（上限あり）	
	新入生学用品通学用品費	小・中学校	実費の1/2（上限あり）	
	体育実技用具費（スキー）	小学校	実費の1/2（上限あり）	
	体育実技用具費（柔道・剣道・スキー）	中学校	実費の1/2（上限あり）	
	拡大教材費	小・中学校	実費（上限あり）	──

※上記で③の通級による指導を受けている児童生徒については，通学に係る特別に要する交通費のみ支給対象となります。

（丹羽　登）

理論編

20 インクルーシブ教育のチェックリスト

　インクルーシブ教育が，学校においてどの程度進められているのかを常に評価していくことが，改善につながっていきます。客観的な評価の観点やチェックリストのようなものはありますか。

1. 国立特別支援教育総合研究所における研究

　「我が国におけるインクルーシブ教育システム構築に関する総合的研究―インクルーシブ教育システム構築の評価指標（試案）の作成―」(2016年度～2017年度)の研究成果報告書が2018年3月に刊行されました。

　国立特別支援教育総合研究所では，2015年に，インクルーシブ教育システム構築に向けた地域における体制づくりに関する「グランドデザイン」として重視すべき内容を以下八つの視点から示し，その視点の下に今回の評価指標（試案）が作成されました。インクルーシブ教育とは，単に障害のある児童生徒が通常学級に在籍していれば完成ということではありません。学校がどの児童生徒にとっても毎日わかりやすく楽しく学習ができる場となるためには，さまざまな観点からの継続的な取り組みと評価を行うことが重要です。学校経営計画の中に明確に位置づけ実施していってください。

● 地域の体制づくりのグランドデザインでの八つの視点

1. インクルーシブ教育システム構築に向けてのビジョン
2. 行政の組織運営に関すること
3. 乳幼児期からの早期支援体制に関すること
4. 就学相談・就学先決定に関すること
5. 各学校における合理的配慮，基礎的環境整備への支援の取り組みに関すること
6. 地域資源の活用による教育の充実に関すること
7. 教育の専門性に関すること
8. 社会基盤の形成に関すること

2. 学校におけるインクルーシブ教育の推進状況の評価のためのチェックリスト項目

　国立特別支援教育総合研究所の評価指標（試案）を基に，チェックリスト項目（次頁表）を示しますので，各校でのインクルーシブ教育の推進状況の評価として参考にしてください。

3. 米国におけるチェックリストの例

　一例ですが、米国におけるインクルーシブな学校の質的標準に関する自己評価を紹介します。(Quality Standards for Inclusive Schools Self-Assessment Instrument © 2014 Stetson & Associates, Inc)項目として、①基本的事項、②教育方法、③関係機関との連携、④責任者とスケジュール、⑤保護者との連携、⑥説明責任、⑦共生社会づくりの役割が示されています。日本でも参考とすべきは以下三点と考えます。

(1) 通常学級での学習時間の目標規準を示していること
(2) 個別の教育支援計画に関する本人、保護者の権利と学校の責務が示されていること
(3) 共生社会づくりに関する地域における学校の重要な役割が求められていること

表　インクルーシブ教育推進チェックリスト

体制	学校の体制づくり 管理職のリーダーシップ	○特別支援教育の推進を担う部署の明確化 ○障害のある児童生徒の実態把握や支援の方針の明確化 ○機能的，組織的な校内体制の整備 ○特別支援学校と連携し，必要なときに相談できる体制整備 ○特別支援教育コーディネーターなど，人事配置，体制の整備
研修	専門性の向上 校外研修を活用した専門性の向上 校内研修による専門性の向上	○学校の組織としての教育の専門性の向上 ○教育委員会等が主催する研修を活用した特別支援教育の専門性向上や，インクルーシブ教育に関する理解の推進 ○校内での研修を活用した，特別支援教育の専門性向上やインクルーシブ教育に関する理解の推進
施設・設備	施設設備の整備修繕 バリアフリー施設設備の整備修繕 合理的配慮の提供に関する施設設備の整備修繕 教育支援機器の整備 教室配置や既存諸室の活用	○園・学校内環境のバリアフリー施設設備や，合理的配慮の提供に関する，施設設備の整備修繕や教育支援機器などの整備 ○災害発生時の観点もふまえ，学校内環境のバリアフリー施設設備の整備修繕の状況を把握し，教育委員会などと連携した，バリアフリー施設設備の整備修繕の計画的な推進 ○合理的配慮の観点から，障害のある児童生徒が安全かつ円滑に学校生活を送ることができるように，施設設備の整備修繕の状況を把握しての整備修繕の計画的な推進 ○教材整備指針に基づく教育支援機器などの充実のための整備状況の把握と，教育委員会などと連携した教育支援機器などの提供 ○障害のある児童生徒に配慮した教室配置や既存諸室の活用
指導体制	指導体制の整備・充実	○全教職員で，障害のある児童生徒に関する情報を共有するための体制の整備 ○障害のある児童生徒に対して，個別の教育支援計画，個別の指導計画を作成し，指導の充実をはかるための体制の整備 ○全教職員が特別支援教育を意識した指導体制の整備
教育課程	特別の教育課程の編成および実施に係る校内体制の整備 カリキュラム・マネジメントに係る共通理解	○すべての児童生徒が学校の教育目標を達成できるための，全職員での共通理解 ○障害のある児童生徒に配慮した教育課程の編成および，実施についての本人および保護者の意見の反映 ○特別の教育課程も含めたカリキュラム・マネジメントへの全職員の共通理解
交流及び共同学習	交流及び共同学習の推進 相互理解	○障害のある幼児児童生徒と障害のない幼児児童生徒が，可能な限りともに学ぶ方針の明確化 （特別支援学級を設置している学校での）通常学級と特別支援学級との，交流及び共同学習の実施 ○通常学級と特別支援学校との，交流及び共同学習の実施 ○障害のある児童生徒や保護者の意向の可能な限りの尊重 ○互いを正しく理解し，ともに助け合い，支え合って生きていくことの大切さを学べるような指導の実施
理解・啓発	児童生徒および保護者の理解推進 地域への理解・啓発	○児童生徒および保護者に対する障害のある児童生徒の教育に関する理解や，障害に関する理解の促進 ○地域住民に対する，障害のある児童生徒およびインクルーシブ教育システムに関する理解啓発
機関間連携	地域の関係機関の連携づくり 就学支援システムづくり 就労支援システムづくり	○行政，医療，療育・教育機関，特別支援学校等と連携し，必要なときに相談や指導を受ける体制の整備 ○障害の状態などをふまえた総合的な観点からの就学先の決定 ○障害のある生徒の自立と社会参加に向けた，就労について相談できる機会の設定

(半澤　嘉博)

Q＆A編

教育実践上の想定される対応や課題を例示し，その解決策や対応例を示しています。保護者や児童生徒からの個別の配慮や支援の要求，合理的配慮の要求，授業でのユニバーサルデザインの対応，障害理解教育や差別事象への対応，交流及び共同学習の実施上の課題など，現実的な課題を例示しました。回答は，原則的にインクルーシブ教育の推進，障害のある児童生徒の受け入れの促進の視点からの解説としました。

Q&A 編

Q1 インクルーシブ教育システムとは何でしょうか。

一緒に学んでいれば，それでいいのか？

障害のある人の気持ちや特性などは，一緒に生活したことのない人にはわからない

障害のある子と障害のない子の関係は，双方にとってメリットがある

通常の学級でも，障害の状態や学習環境などに応じた合理的配慮が必要

A 障害者権利条約で求められている教育体制のことで，障害の有無にかかわらず，障害のある子どもと障害のない子どもとが，可能な限り一緒に学ぶ仕組みです。

「インクルーシブ教育システム」という日本語での表記は，中央教育審議会初等中等分科会（分科会）や文部科学省が中心となって使用しています。障害者権利条約の外務省訳では，「inclusive education system at all levels」を「障害者を包容するあらゆる段階の教育制度」と訳しています。

障害者権利条約をふまえて分科会は「共生社会の形成を目指したインクルーシブ教育システムの構築に向けた特別支援教育の推進」という報告をまとめました。その中で，「インクルーシブ教育システムにおいては，同じ場でともに学ぶことを追求するとともに，その時点で教育的ニーズにもっとも的確に応える指導を提供できる，多様で柔軟な仕組みを整備すること，そのために通常の学級，通級による指導，特別支援学級，特別支援学校といった連続性のある『多様な学びの場』を用意しておくことが必要である」と提言しています。

障害者権利条約や分科会報告などでは，「インクルーシブ教育システム」の目的や確保すべきことなどが詳しく示されていますが，要約するならば，共生社会を形成していくために，次頁のポイントに示したようなことの実現を目指す教育システムだといえます。

教育では能力を伸ばすことは重要な目的の一つですから，障害のある子どもにとっても当然のことです。しかし国によっては，障害を理由に教育を受けられないところがあります。そのため条約では，障害を理由に一般的な教育制度から排除されない，初等教育や中等教育から排除されないことを求めています。

個々の子どもの能力を伸ばすためには，子どもの障害の実態などに応じた環境の整備や障害特性などに応じた変更・調整（合理的配慮）が必要になりますので，学校の教職員には合理的配慮についての理解も必要になります。

わが国でも，1979年の養護学校の義務制実施以前は，障害を理由とした就学猶予・就学免除によ

り教育を受けることができない子どもがいました。しかし義務制実施にあたって，例えば，障害のため学校に通うことが困難な状態の子どもも，教育を受けられるようにするため訪問教育を制度化するなどして，今ではすべての子どもが一般的な教育制度（特別支援学校や特別支援学級なども含まれる）の下で，教育を受けられるようになっています。

障害者が社会で生活する上での技能，例えば，手話や点字，移動のための技能などを習得できる教育システムにする必要がありますが，これらの指導には，例えば，白杖での歩行指導などのように専門的な知識や技術を必要とします。しかし，通常の学級での指導の中で，これらを習得できるように指導することは困難です。そこで，通級による指導や特別支援学級・特別支援学校など，これらを学ぶことができる多様な学びの場を整備することも必要です。

また，すべての子どもが，可能性を信じるとともに，人の多様性を認め尊重できるようになる必要があります。しかし，これらは日ごろからのかかわり合いがないと，理解し合い尊重し合える関係は築けません。

インクルーシブ教育システムの構築のためには，能力を伸ばすことを目指しつつ，可能な限り一緒に学ぶことを追及していくことが重要になります。

その際には，一緒に学ばせることだけを求めて，子どもがいやいやかかわっている，または先生の前だけかかわっていることがないように，人権や多様性を尊重できるように指導しつつ一緒に学ぶ機会を確保するようにしてください。

ここがポイント　インクルーシブ教育システムの実現のために

- 可能な限り，障害ある子どもと障害のない子どもが一緒に学ぶ
- 一緒にいるだけでなく，障害のある子どもの能力を最大限まで伸ばす
- 意思疎通手段など専門的な知識・技能の習得をはかる
- 環境の整備と合理的配慮の提供をする
- すべての子どもが，潜在能力などを理解し，人権や人の多様性を尊重できるようにする
- 共生社会を形成するという方向性を共通理解する

ベテラン先生からのアドバイス

わが国は，難病などのため学習が困難な子ども，医療機器を常時装着した子ども，意思疎通が困難な子ども，重度・重複障害のため学校に通うことが困難な子どもも教育の対象としています。そのため，義務教育段階の小1から中3までの年齢で障害による就学猶予・免除を受けている子どもは全国ではほとんどいません。これは先達の保護者，教職員，行政関係者の努力のたまものであり，世界に誇れることです。このように重度・重複障害のある子どもへの教育は充実していましたが，発達障害などの子どもへの取り組みについては，先進諸国に比べると遅れており，本格的な取り組みは2005年の発達障害者支援法の施行以降になります。

（丹羽　登）

Q&A編

Q2 諸外国では，どのようにインクルーシブ教育を行っているのでしょうか。

インクルーシブ教育が進んだ外国の様子を知りたい。

インクルーシブ教育の重要性はわかった

でも，これを進めていくとどのような学校になるのかな？

インクルーシブ教育先進国の様子を知りたい

A 先進的なシステムや体制を参考にしていきましょう。

●インクルーシブ教育の最先端

インクルーシブ教育の最先端といえば，一つにはイタリアの取り組みが象徴的です。イタリアでは，すべての特別支援学級・学校を廃止し，障害の有無にかかわらず，通常学校に就学させています。就学における学校選択の権利も保護者にあります。

また，法律第104号「障害者の支援・社会統合・諸権利」を制定（1992年）し，基本的に幼稚園～大学の学校教育段階でのインクルーシブ教育を保障しています。

もう一つ象徴的な国はイギリスです。イギリスでの障害のある児童生徒の教育制度はSEN（特別な教育的ニーズ：Special Educational Needs）に基づいた対応が基本となります。児童生徒にさまざまな要因による「学習における困難さ（learning difficulties）」があれば，その児童生徒は特別な教育的ニーズがあるととらえられ，必要な支援が計画・実施されていきます。

また，学校内での支援体勢を整備する専門性の高いSENCO（SENコーディネーター）の存在と段階的で教育的な手立てを用意するスクールアクション（School Action）などの存在も特徴的です。さらのに，グリーンペーパー（教育政策文書：1997年）において「インクルーシブは，単に通常学校に措置されるだけでなく，学習や学校生活面でクラスの仲間と一緒に十分に活動できること」と定義し，インクルーシブ教育の目標を高く掲げています。

●諸外国のインクルーシブ教育の比較

国立特別支援教育総合研究所は，毎年，諸外国の障害のある児童生徒の教育の調査報告を行っています。最新の国立特別支援教育総合研究所ジャーナル第7号（2018年3月発行）では，8ヵ国（アメリカ，イギリス，イタリア，オーストラリア，韓国，スウェーデン，フィンランド，フランス）

での「通常教育及び障害のある児童生徒の教育課程」に焦点をあてた各国の教育課程の基準についての比較が示されています。

①特別な学級や学校を設置していないフルインクルージョンを行っているイタリアや，障害のある児童生徒が通常の学級で過ごす時間の割合によりインクルーシブ教育の状況を評価しているアメリカなどの例が紹介されています。特別な学校に在籍する児童生徒の割合（0.71％）は，日本は比較国中で中位に位置しています。

②通常学級での障害のある児童生徒の教育課程の基準については，大別して，障害のない児童生徒への教育課程と同様のものを適用する国と，特別な教育課程を用意する国との違いがあります。

アメリカのように，IDEA(Individual with Disabilities Education Act：§300.115)の法令に基づき，個別教育計画（IEP）を作成し，個別の教育課程の作成・実施を求めている国もあります。

イギリスでは，ナショナルカリキュラムが制定されていますが，その中に特別な教育的ニーズのある児童生徒への対応や規準が含まれています。具体的には，個別の支援やサービスを受けるためのEHCプラン(Education Health Care Plan)が作成されて，それに基づいた個別の教育課程が適用されることになります。

フルインクルージョンを進めているイタリアでは，通常学級での障害のある児童生徒に対応した教育課程は編成されていませんが，個別教育計画を作成し，活動の場，指導形態，学習時間，評価などを児童生徒の実態に応じて対応しています。

スウェーデンでの，知的障害のある児童生徒が通常学級で学習を行う際に，学習内容を変更する「個の統合」の仕組みや，フィンランドでの，通常学級での3段階支援（一般支援，強化支援，教育的判定）による学習内容の修正や教育措置の検討などが行われる仕組みなども紹介されています。

いずれにしても，各国の教育制度の中でインクルーシブ教育を推進していく具体的な取り組みの工夫が展開されています。

ここがポイント　諸外国のインクルーシブ教育

- 個別教育計画の作成と活用が重視されている
- 本人や保護者の権利が法的にも保証されている
- 就学先の決定に関して合意形成や不服申し立てのシステムが整備されている
- 障害のある児童生徒の通常学級での教育課程の個別化が示されている

ベテラン先生からのアドバイス

日本の特別支援教育のよさの一つは，どんなに障害が重くても教育対象としていることです。しかし，インクルーシブ教育を推進していくためには，重度の障害の児童生徒も含めた日本独自の体制づくりや仕組みづくりが必要でもあります。諸外国の取り組みを参考としながらも，すべての児童生徒の通常学級での学習や生活を保障できるシステムを研究・実践していかなければならないと考えます。

（半澤　嘉博）

Q&A編

 Q3 共生社会づくりとはどんなことでしょうか。

ともに生きるってどんな生活?

みんな藍染めが上手にできるようになった

低学年の児童に教えてあげよう

すごい!上手に教えてあげている

 A 多様な学びの場と活躍の場を広げていきましょう。

　2012年7月，中央教育審議会初等中等教育分科会から報告された「共生社会の形成に向けたインクルーシブ教育システム構築のための特別支援教育の推進(報告)」(以下，「共生社会報告」)では，共生社会について，次のように述べています。

　「『共生社会』とは，これまで必ずしも十分に社会参加できるような環境になかった障害者等が，積極的に参加・貢献していくことができる社会である。それは，だれもが相互に人格と個性を尊重し支え合い，人々の多様なあり方を相互に認め合える全員参加型の社会である。このような社会を目指すことは，わが国において最も積極的に取り組むべき重要な課題である」

　これまで障害のある人が社会参加しようとしてもできなかった障壁を取り除き，だれもがあたり前のように支え合い，認め合える生活の実現が望まれます。学校も社会の一つですから，学校でもこのような生活が実現できることが大切です。

　そして，共生社会報告では，「同じ場で共に学ぶことを追求するとともに，個別の教育的ニーズのある幼児児童生徒に対して，自立と社会参加を見据えて，その時点で教育的ニーズに最も的確に応える指導を提供できる，多様で柔軟な仕組みを整備することが重要である。小・中学校における通常の学級，通級による指導，特別支援学級，特別支援学校といった，連続性のある『多様な学びの場』を用意しておくことが必要である」ともいわれます。

　つまり，障害のある児童生徒がともに学ぶことを大切にしながら，教育的ニーズに応じて，通常の学級，通級による指導，特別支援学級，特別支援学校といった多様な場での学びを認めています。

　ともに学ぶことと，多様な場で学ぶことを両立させるには，それぞれの場の連続性を確保することが必要です。児童生徒の学習状況などに応じて，通常の学級と特別支援学級や特別支援学校

との学籍の移動を容易にすること，学習内容の連続性を考慮した学びを行うことなどがあげられます。交流及び共同学習の日常化も有効です。

一方，特別の場をあえて設けるのですから，その場だからこその学びもきちんと行います。そして，そういう特別な学びを障害のない児童生徒にも開放し，垣根を低くしていくことも大切です。

例えば，知的障害教育の効果的指導法である生活単元学習に，通常の学級の児童生徒たちも招くなどです。交流および共同学習で大切なことは，児童生徒どうしが力を発揮できる状況で出会うことです。特別支援学級などの授業で力を発揮している児童生徒は頼もしくあります。そのような頼もしい姿に通常の学級の児童生徒も出会えば，対等な関係が築けます。

地域を学習の場とすることも，社会の中でともに生きることを学ぶ上で大切です。通常の学級で行われている校外学習はもちろんのこと，例えば先生がこれまで行っていた学級の消耗品の購入も，児童生徒とともに行うなど，自然に，そして実際的に社会に参加できる学習も工夫してみてはいかがでしょうか。

これらの活動を積み重ねながら，支え合い，認め合う社会がつくられていきます。

ここがポイント　共生社会づくりには

- ともに支え合い，認め合える学校生活づくりを目指す
- それぞれの学びの場の充実をはかる
- 交流及び共同学習を日常化する
- 特別支援学級や特別支援学校の学びに，通常の学級の児童生徒が参加できるよう取り組む
- 交流及び共同学習で，お互いが力を発揮している姿での出会いを大切にする
- 地域での学習も自然で実際的に行う

ベテラン先生からのアドバイス

「共生社会」と聞くと堅苦しく感じますが，学校や教室で，どの子もいきいきと生活する姿をイメージしてみるとよいと思います。学校自体も社会なのですから，この身近な社会から始めてみれば，これまでの学級生活づくりと共通することが多いのに気づけるのではないでしょうか。身近なことから少しずつ，です。

こういう視点から学級の様子を見回してみると，児童生徒がいきいきと活躍することを妨げているものが見えてきます。授業の内容，流れ，教室内の配置や教材，先生の言葉かけなど，工夫一つで，児童生徒が活躍できる部分は確実に増えてきます。これを特別支援教育では「できる状況づくり」といいます。どの子にもできる状況づくりを心がけることで，共生社会の実現に着実に近づけます。

児童生徒の椅子の高さを変えただけで，学習がスムーズになったという経験があります。できる状況づくりも，できるところから，です。

（名古屋　恒彦）

Q&A編

Q4 学校経営方針の作成において，留意すべきことは何でしょうか。

学校経営方針は，校長先生が進めるインクルーシブ教育のメッセージ。

校長は学校の進む方向を決める船長

「チーム学校」によって，多様な専門性の連携を…

地域と一緒に進めることでインクルーシブな社会を実現…

A 学校経営方針のあり方からインクルーシブ教育を考えましょう。

●学校経営方針とは

　学校経営方針とは，学校教育目標を達成するための学校経営に関するミッションとビジョンとを校長先生が示すものです。学校経営方針は関係諸法規や教育委員会が示す教育基本方針・重点施策に基づくことはもちろんですが，保護者や地域の人々の願いや期待，そして児童生徒の実状にも即して提示されます。

　現代の学校が抱える課題は，生徒指導上の課題や特別支援教育の充実など，より複雑化・困難化し，心理や福祉などの教育以外の高い専門性が求められるような事案が増えてきています。したがって，先生だけで対応することが質的にも量的にも難しくなっているのです。

　そうした中で「チーム学校」のあり方や「社会に開かれた教育課程」の実現が喫緊の教育課題となってきています。

●「チーム学校」と学校経営

　多様化・複雑化する児童生徒の状況への対応が先生の専門性だけでは困難になってきており，教職員と多様なスタッフとが連携をし，学校の教育力・組織力の向上をはかる「チーム学校」の構築が求められています。スクールカウンセラーやスクールソーシャルワーカーといった心理的・福祉的スタッフ・特別支援教育支援員，ボランティアなどをマネジメントする役割が重要になります。そこにも，校長のリーダーシップが求められています。

●「社会に開かれた教育課程」とインクルーシブ社会の実現

　教育課程は，よりよい学校教育を通してよりよい社会をつくるという理念に基づいて編成されます。児童生徒たちにどのような資質・能力を育むのかといった指針を，学校と地域が目的を共有して進めていくことが重要となります。

その要点となるカリキュラム・マネジメントのあり方を学習指導要領解説の総則（2017）では
　①教科横断的な視点
　②PDCAサイクルの確立
　③学校内外の人的・物的な資源の活用
を基盤として検討することとしています。これらは、地域の中でインクルーシブな共生社会の実現を目指していく上でも重要な位置づけとなると考えられます。

●地域とともにあるコミュニティ・スクール

　コミュニティ・スクールとは、学校と保護者や地域の人々が「これからの時代を生きる子どもたちのために」情報や課題を共有し、共通の目標・ビジョンをもって学校運営を進めることです。具体的には学校と保護者や地域の人々を委員とした「学校運営協議会」を設置し、校長が作成する学校運営の「基本方針の承認」を行います。子どもたちが抱える課題に対して学校や地域の関係者がみな当事者意識を持ち協働することが目的です。

　地域の人々の意見を学校運営に反映させることで、学校と地域が協働しながら「地域とともにある学校づくり」を進め、子どもたちの豊かな成長を支えることができます。

ここがポイント　学校経営方針作成の基本とは

- 学校教育目標を見直し、インクルーシブな視点を取り入れる
- 校長先生の強いリーダーシップで進めていく
- 「社会に開かれた教育課程」の構築が、インクルーシブな社会の実現を後押しする
- 「チーム学校」として、多様な人材をマネジメントする
- 複雑な事象への対応は教職員だけでは難しい
- 「学校運営協議会」を設置し、地域の人々や保護者との連携をはかっていく

ベテラン先生からのアドバイス

　社会や世界の状況を幅広く視野に入れ、よりよい学校教育を通じてよりよい社会をつくるという目標を実現するためには、学校経営方針を介してそのミッションやビジョンを具現化していくことが大切です。

　これからの社会をつくり出していく子どもたちが、社会や世界に向き合いかかわり合い、自らの人生を切り拓いていくために求められる資質・能力とは何かを、地域社会と考えていくことで一層明確化されると考えます。

　そして障害の理解を進めていくという上でも、多様な人材と地域の人々との連携を通して課題や実状を共有化していくことがインクルーシブな社会の実現につながるとも考えています。教育課程の構築にあたって、学校教育を学校内に閉じずに、社会と共有・連携することの重要性をこれからも考え、実践していくとよいでしょう。

（京都教育大学教授　相澤　雅文）

Q&A 編

Q5 多様な学びの場がなぜ必要なのでしょうか。また，スクールクラスターとはどんなことでしょうか。

通常学級で学ぶ学習障害のある児童への，より効果的な指導方法は。

通常学級ではタブレット端末の活用などの配慮を受けている

通級による授業で読み書きと読解による指導を受けている

特別支援学校の協力を得て，学校全体で研修をする

A 一人ひとりの教育的ニーズに応じた，質の高い教育が求められているからです。

●多様な学びの場とは

2012年7月に中央教育審議会で示された「共生社会の形成に向けたインクルーシブ教育システム構築のための特別支援教育の推進(報告)」によれば，インクルーシブ教育システムにおいては，同じ場でともに学ぶことを追求するとともに，個別の教育的ニーズのある幼児児童生徒に対して，自立と社会参加を見据えて，その時点で教育的ニーズに最も的確に応える指導を提供できる，多様で柔軟な仕組みを整備することが必要としています。具体的には，小・中学校における通常学級，通級による指導，特別支援学級，特別支援学校それぞれの環境整備の充実が求められています。

また，インクルーシブ教育システムにおいては，障害のある子どもと障害のない子どもが，できるだけ同じ場でともに学ぶことを目指すべきであるとしながらも，その場合には，それぞれの子どもが，授業内容がわかり学習活動に参加している実感・達成感をもちながら，充実した時間を過ごしつつ，生きる力を身につけていけるかどうか，これが最も本質的な視点であり，そのための環境整備が必要であるとしています。

多様な学びの場の整備には，通常学級での複数教員による指導などの指導方法の工夫や，校内支援体制を確立して学校全体で対応すること，特別支援教育支援員の充実，スクールカウンセラーやスクールソーシャルワーカー，言語聴覚士，作業療法士などの専門家の活用などが必要とされています。

●スクールクラスターとは

中央教育審議会の報告では，多様な学びの場といわれる，地域内の教育資源（幼・小・中・高等学校および特別支援学校など，特別支援学級，通級指導教室）それぞれの単体だけでは，そこに住んでいる児童生徒一人ひとりの教育的ニーズに応えることは難しいため，スクールクラスター（地

域内の教育資源の組み合わせ）により，域内のすべての児童生徒一人ひとりの教育的ニーズに応え，各地域におけるインクルーシブ教育システムを構築することが必要であるとしています。その際，交流及び共同学習の推進や特別支援学校のセンター的機能の活用が効果的とされています。

文部科学省がモデル事業を行った際に示した具体例は以下のようなものがあります。
○地域内の関係者で障害のある児童生徒などのケース検討会議の実施
○通級指導担当教諭による地域内の学校への支援（巡回指導など）
○特別支援学級担当教諭による地域内の学校への支援（巡回指導など）
○特別支援学校に在籍する児童生徒が特別支援学級で指導を受ける
○通常学級および特別支援学級に在籍する児童生徒や通級による指導を受けている児童生徒が特別支援学校で指導を受ける
○特別支援教育に関する合同研修会の開催
○特別支援学校のセンター的機能の活用

地域によっては，スクールクラスターの考え方を活用し，県の施策として支援籍事業を展開している例もあります。通常学級に在籍しているが，障害があるとか特別の教育的ニーズがある児童生徒を，特別支援学級や特別支援学校に支援籍を置いて，必要に応じて適切な指導を保証する制度です。障害のある児童生徒の地域での居住地校交流とは別の観点からの多様な教育資源の活用といえます。

ここがポイント　インクルーシブ教育システムの推進には

- 連続性のある多様な学びの場を整備する
- 多様な学びの場である学校は，全校で校内支援体制を確立して対応する
- スクールクラスター（地域内の教育資源を組み合わせる）を活用する
- 特別支援学校のセンター的機能を活用する
- 交流および共同学習を推進する

ベテラン先生からのアドバイス

インクルーシブ教育システムは，障害のある者と障害のない者がともに学ぶシステムですが，その場合でも，それぞれの児童生徒が授業を理解し学習活動に参加している達成感が必要です。障害のある児童生徒が通常学級で学ぶ場合，障害の実態によってさまざまな工夫や配慮が必要になります。

しかし通常学級の担任は，特別支援教育の専門家ではありませんから，一定の工夫はできても障害に応じた専門的な指導は十分にはできません。そこで，地域の多様な学校の専門性を活用することが効果的です。

具体的な対応は，一人ひとりのニーズによって違ってきますが，本人や保護者と十分話し合い共通理解しながら，障害の実態に応じた支援体制をつくり学校全体で対応することが必要となります。

（明官　茂）

Q&A編

Q6 障害に関する理解推進のねらいと目標は何ですか。発達障害のある児童生徒を，どのように学級の児童生徒に理解してもらいますか。

学級の児童生徒への障害理解は共生社会の基礎を築く重要な取り組み。

Aさんはぜんぜん遠足の作文が書けてない

思い出して文章にするのが難しいのね。写真を見て，先生と話して書こうね

全員上手に遠足の作文を書き上げられてよかったね

A 学級内で行う障害に応じた合理的配慮は，他の児童生徒も納得できることが大切です。

1. 障害に関する理解推進のねらい

インクルーシブ教育システム構築には，特別支援教育の推進が不可欠なものとされています。その特別支援教育の意義の一つとして，「特別支援教育は，障害のある幼児児童生徒への教育にとどまらず，障害の有無やその他の個々の違いを認識しつつ様々な人々が生き生きと活躍できる共生社会の形成の基礎となるものであり，我が国の現在及び将来の社会にとって重要な意味を持っている」［特別支援教育の推進について（通知），2007年4月，文部科学省）］とされています。

さらに，小学校学習指導要領解説総則編（2017年7月，文部科学省）の「第3章第4節2特別な配慮を必要とする児童への配慮」では，「障害のある児童などの指導に当たっては，担任を含む全ての教師間において，個々の児童に対する配慮等の必要性を共通理解するとともに，教師間の連携に努める必要がある。また，集団指導において，障害のある児童など一人ひとりの特性等に応じた必要な配慮等を行う際は，教師の理解の在り方や指導の姿勢が，学級内の児童に大きく影響することに十分留意し，学級内において温かい人間関係づくりに努めながら，『特別な支援の必要性』の理解を進め，互いの特徴を認め合い，支え合う関係を築いていくことが大切である」とされています。中学校学習指導要領解説総則編においても同様の内容が示されています。このように障害に関する理解推進のねらいは，障害の有無やその他の個々の違いを認識しつつ，互いの特徴を認め合い，支え合う関係づくりをしていくことにより，さまざまな人々がいきいきと活躍できる共生社会の基礎を築いていくことにあります。

2. 学級の児童生徒への障害理解促進の取り組み

発達障害の児童生徒の障害理解は，障害が目に見える明確なものでないので，他の児童生徒に障害理解を深めていくことに工夫が必要です。

管理職は，障害のある児童生徒が在籍する学級を担任する先生に，特別支援教育を基盤にした学級経営を行うよう指導していく必要があります。そのうえで，発達障害のある児童生徒の困難さについて正しく理解，把握させ，その困難さや合理的配慮について，学級全体に説明するようにしていくことが重要です。また，合理的配慮の提供については，学級全体が理解し，児童生徒が不公平感などを抱かず，受け入れていけるようにしていくことが重要です。

さらに障害のある児童生徒と保護者の了承を得て，児童生徒ばかりでなく他の保護者にも話をしておくことも大切です。また，障害のある児童生徒をみんなが認めあい，高めあえる集団づくりのために障害のある児童生徒が活躍できることをふまえたルールづくりや活動を設定していくことが重要になります。全体で取り組んでいくルールとして示していく方法もあります。

発達障害のある児童の困難さの視点
①見えにくさ
②聞こえにくさ
③発音のしにくさ
④読み書き計算などの困難さ
⑤道具の操作の困難さ
⑥健康面や安全面での制約
⑦心理的な不安定
⑧人間関係形成の困難さ
⑨注意の集中を持続することが苦手
⑩移動の制約　　など
[学習指導要領(2017年告示)解説　教科編]

ここがポイント　学級の児童生徒の障害理解を進めるためには

- 特別支援教育を基盤にした学校経営・学級経営方針を作成する
- 学級担任が正しい障害理解をしている
- 障害のある児童生徒に対し，適切な合理的配慮を設定する
- 障害のある児童生徒への合理的配慮について，学級の児童生徒全体へ周知する
- 障害のある児童生徒が活躍できることをふまえたルールづくりや活動の設定をする

ベテラン先生からの　アドバイス

障害のある児童生徒も，ない児童生徒も互いのよさを認め，学級の一員として学級での互いのあり方に慣れていくことが最も大切です。

障害のある児童生徒は，学級の中で困難さを抱えて苦労しています。そのため，ときには障害のない児童生徒がとまどう行動が見られることもあります。そのようなことからも，先生は，互いの児童生徒の困難さやとまどいを理解しつつ，学級内で互いの児童生徒がかけがいのないクラスの一員であることを認め合えるようにしていく取り組みが重要です。例えば，勝ち負けにこだわりが強い児童が，負けを受け入れない「わがままな児童」と思われないように，こだわりを認めつつ，障害のある児童が受け入れやすく，納得できる支援方法やこだわりを生かす活動に導いていきましょう。

（中西　郁）

Q&A 編

Q7 特別支援教育の校内研修会について，一部の先生から，負担が増えるだけだと反発が…。教職員の指導と学校の体制整備をどのようにしていけばよいでしょうか。

> 特別支援教育に関する研修の成果は，学級経営や指導力や授業力向上に直結する。

障害のある生徒の対応って，やっぱり大変そう？

いいえ，同じ生徒の一人です

配慮や支援のしかたで，障害のある生徒も居場所はある

A 校長としてリーダーシップを発揮し，インクルーシブ教育の推進に向けて具体的ビジョンを策定し取り組むことが重要です。

● **特別支援教育を視野に入れた学校経営**

　小・中学校における特別支援教育の全体的な支援体制を確立するにあたって，校長自身がこのことの意義を正確にとらえ，リーダーシップを発揮することが大切です。

　校長が作成する学校経営計画（学校経営方針）に，特別支援教育についての基本的な考え方や方針を示すことが必要です。そして，校長が先頭に立って，全教職員が協力し合い，学校全体として組織的，計画的に進めるということを明確にする必要があります。

　2007年4月1日に文部科学省より出された「特別支援教育の推進について」の通知の中に，「校長の責務」として，次のように書かれています。「校長（園長を含む。以下同じ。）は，特別支援教育実施の責任者として，自らが特別支援教育や障害に関する認識を深めるとともに，リーダーシップを発揮しつつ，組織として十分に機能するよう教職員を指導することが重要である。また，校長は，特別支援教育に関する学校経営が特別な支援を必要とする幼児児童生徒の将来に大きな影響を及ぼすことを深く自覚し，常に認識を新たにして取り組んでいくことが重要である」

● **体制の整備と必要な取り組み**

①特別支援教育に関する校内委員会の設置

　各学校においては，校長のリーダーシップのもと，全校的な支援体制を確立し，発達障害を含む障害のある幼児児童生徒の実態把握や支援方策の検討などを行うため，校内に特別支援教育に関する委員会を設置することとなっています。

②実態把握

　各学校では在籍する幼児児童生徒の実態の把握に努め，特別な支援を必要とする幼児児童生徒の存在や状況を確かめることとなっています。

③特支援教育コーディネーターの指名

　各学校の校長は，校内体制の構築や具体的な

取り組みを推進するために、先生方の中から「特別支援教育コーディネーター」を指名し、校務分掌に明確に位置づけることになっています。

④関係機関と連携をはかった「個別の教育支援計画」の策定と活用

特別支援学校においては、長期的な視点に立ち、乳幼児期から学校卒業後まで一貫した教育的支援を行うため、医療、福祉、労働などのさまざまな機関と連携をはかった「個別の教育支援計画」を活用した支援を行っています。各学校においても校長のリーダーシップのもと、必要に応じて効果的な支援を行うこととなっています。

⑤「個別の指導計画」の作成

特別支援学校においては、幼児児童生徒の障害の重度・重複化、多様化などに対応した教育を一層進めるため、「個別の指導計画」を活用した支援を行っています。各学校においても、校長のリーダーシップのもと、効果的な支援を行うこととなっています。

⑥教職員の専門性の向上

特別支援教育の推進のためには、教職員の特別支援教育に関する専門性の向上は不可欠です。各学校は、校内研修を実施したり、校外研修に参加させるなどして専門性の向上に努めることとなっています。

⑦保護者・地域への理解と啓発

これらの取り組みには、保護者や地域との連携や協力が必要です。特別支援教育のための理解と啓発をはかるため、学校だよりや講演会の開催などを行うことが必要です。開かれた学校づくりの観点からも大切なことです。

ここがポイント　研修の推進と体制整備のために

- インクルーシブ教育の推進に関する明確な理念を持つ
- 具体的な目標を設定し、人的・物的支援を確保する
- 学校経営方針に重点目標として位置づける
- 校長に集まる情報・人材を活用する
- 計画的に教職員の特別支援教育のスキルや専門性の向上をはかる

ベテラン先生からのアドバイス

学校全体の特別支援教育に対する理解の向上をはかったり、支援を必要する児童生徒の具体的支援の手立ての方策を検討したりするキーマンは特別支援教育コーディネーターです。特別支援教育の理解をはかり、具体的手立てを学校全体のものにしていくには、長期的な視点にたっての学校全体の特別支援教育に関するコンサルテーション力を高めなくてはなりません。

校長のビジョンをよく理解し、やる気と根気を持っている中堅教員に、まかせてみるという長期的戦略が必要です。そして、保護者や地域の方々、学校評議員などの外部からの理解者を協力者につけることが、ポイントにもなります。

（明星大学特任教授　妹尾 浩）

Q&A 編

Q8 特別支援教育コーディネーターはだれにすればよいでしょうか。

人選の基準は何だろう。

職位で選ぶ？

人柄で選ぶ？

やる気で選ぶ？

A 校長先生の学校経営方針に応じて決めていきます。

●教育相談コーディネーターの役割

だれを特別支援教育コーディネーターにするか考えるにあたり，まずその業務内容を確認しましょう。
・校内の先生の相談窓口
・校内外の関係者との連絡・調整
・地域の関係機関とのネットワークづくり
・保護者の相談窓口
・児童生徒に応じた支援の仕方や指導方法の検討，研修会の開催などの教育的な支援

●コーディネーターに向いている人

次に，どんな人がコーディネーターに向いているか考えてみます。そもそも，これだけの業務を一人ですべてこなすことは困難です。コーディネーターを置くのは，スーパーマンのような万能な人はいない，ということが前提になっています。ですからチーム力で対応していこう，そのためにはコーディネーターが必要だ，ということになったのです。それでは，コーディネーターになるためには，どのような資質が必要でしょうか。それは，一言でいえば「頼まれ上手」でかつ「頼み上手」ということです。

「頼まれ上手」とは，だれからも相談されやすい人，ということです。悩みのある人は，なかなかそれを人にはいいづらいものです。この人になら頼みやすいという人がコーディネーターに向いている人です。しかし，コーディネーターが人から頼まれたことをすべて自分で抱えていては，課題が増えるばかりで，解決が遠ざかるばかりです。

そこでコーディネーターは，自分が頼まれたことを今度は，割り振って人に頼まなければなりません。そこでコーディネーターは「頼み上手」である必要があります。この人に頼まれたなら仕方ない，手伝ってあげるか，と他人から思われやすい人が，コーディネーターに向いている人です。

まずは教職員の中から，こうした才能をもつ人

を探します。見当たらない場合は，可能性を発掘することが必要です。立場は人を育てます。

● 学校経営上の重点課題は何か

最後に，だれをコーディネーターに指名するかです。学校経営の視点から，安定した支援体制をつくるには，「頼み・頼まれ上手」なベテランの先生がコーディネーターとして適任といえるでしょう。外部の人にとっても，人が頻繁に変わるより同じ人が続けてくれたほうが安心感があります。万能型のコーディネーターです。

一方，次のような方法も考えられます。学校はさまざまな課題を抱えています。なかなか一度に解決することは困難ですから，どの学校にも重点課題があると思います。そこで，校長先生が学校経営の方針として定めた重点課題に応じたコーディネーターを配置します。

例えば，校内の特別支援教育の体制を整備したいが初任者が多いなど，障害のある児童生徒の指導経験がない教師が多い場合に，特別支援学級や通級指導担当の先生をコーディネーターにする，あるいは，特別支援教育の体制はでき上がったが，現在的な課題として心因性の不登校の児童生徒や精神的な課題を抱える児童生徒への支援が必要だといった場合は，養護教諭をコーディネーターにする，などのやり方が考えられます。課題解決型のコーディネーターといえます。

さて，あとは支援のシステムづくりです。校内の先生方がチームとして機能するかどうか，校長先生の腕の見せ所です。

ここがポイント　特別支援教育コーディネーターを育てるために

- コーディネーターを支える職員の雰囲気づくりが大切
- その雰囲気は校長が醸し出すもの
- わかりやすい校内支援システムが，コーディネーターを楽にする
- 支援システムにはスーパーバイズ（指導・助言）機能を忘れずに
- 先生どうしが廊下をすれ違うときにも，情報交換＝ミニケース会議はできる

ベテラン先生からのアドバイス

先生の集団も組織ですから，それぞれに役割があり分担があります。○年○組の担任，△年△組の副担任，主幹教諭や総括教諭，児童生徒指導担当，教務主任，養護教諭，学校栄養士，栄養教諭・・・教育相談コーディネーター。組織があって役割分担があると，この仕事はどの人が担当かな，どの部署が担当かな，という発想になりがちです。

これではチームとはいえません。本当のチームとは「この仕事はだれとやるのがいいのか，この仕事はどの部署と一緒にやるのがいいのか」と考える人たちの集まりをいいます。チームは自分一人でやるよりも複数でやったほうが効果が高い，ということを知っている人たちの集まりです。こうした人たちの中にあるとき，コーディネーターは最もやりがいのある仕事になるでしょう。

（鎌倉女子大学准教授　伊藤 大郎）

Q&A編

Q9 インクルーシブ教育の基礎的環境を整えていく視点は？どのようにバリアフリーの環境にしていったらよいですか。

インクルーシブ教育を進めるための基礎的環境整備とは。

インクルーシブ教育を進めていきたい

「基礎的環境整備」や「バリアフリー」をどう進めたらいいのか

そうだ！学校経営をリデザインしよう

A 基礎的環境整備を，新たな経営課題ではなく，学校の教育の質向上のための学校経営のリデザイン（redesign）ととらえる視点が必要です。

1. 学校経営への位置づけ

「共生社会の形成に向けたインクルーシブ教育システム構築のための特別支援教育の推進（報告）」では，「合理的配慮」の充実のため，「基礎的環境整備」の充実は欠かせないとされ，「ネットワークの形成・連続性のある多様な学びの場の活用」「専門性のある指導体制の確保」「個別の教育支援計画や個別の指導計画の作成等による指導」「教材の確保」「施設・設備の整備」「専門性のある教員，支援員等の人的配置」「個に応じた指導や学びの場の設定等による特別な指導」「交流及び共同学習の推進」の八つの観点が示されています。

これらの観点を基に学校経営では，校務分掌に「校内委員会」を中核としながら基礎的環境整備を推進するための権限と予算を付した組織の編成・整備を進める必要があります。その上で学校の「将来ビジョン」「経営方針」「経営計画」にも，基礎的環境整備の「目的」「目標」と達成基準を明示し

ていくことが求められます。実態把握に基づく現状理解の上で計画立案し，学校内での施策（取り組み）を評価し報告書にまとめることは，さらなる基礎的環境整備を進めるために，校長が教育委員会へ要求を行う上での基礎資料となっていきます。

特に小・中学校における基礎的環境整備において，体制面，財政面を勘案し，均衡を失した，または過度の負担を課さない上で必要な財源を確保するために国，都道府県，市町村の助成などの支援を得るためには，学校独自の施策（取り組み）を展開した上で，必要な環境整備のための支援を求めるためのデータ収集と分析に基づく報告を文章で行うことが不可欠であることを理解します。

2. 教育のリデザイン

基礎的環境整備の推進は，組織としての特別支援教育の質の向上のみならず，教育の質向上とも重なることが経営上の大きなメリットです。

例えば、「教材の確保」に係る校内LAN導入による校内ネットワークシステム整備は、教育ICTを活用した障害のある児童生徒や外国語を母語とする外国人児童生徒の学習を支援するための学習環境整備のみならず、データなどを活用した主体的・対話的で深い学びの視点からの授業改善や、プログラミング教育の推進の側面からも教育環境整備に資する取り組みとなります。

また、「報告」では「基礎的環境整備」を進めるにあたっては、ユニバーサルデザインの考え方も考慮しつつ進めていくことの重要性が指摘されています。この点に関連して、「施設・設備の整備」に関しては学校建物における児童生徒の動線と特別教室などの活用状況を考慮し、「シングルループ」思考に基づく配置になりやすい学級配置の見直しをはかったり、災害対策時の避難施設としての学校の利便性や教育機能の維持の再検討をはかったりする契機をつくり出すことができます。

つまり、基礎的環境整備は新たに学校経営の取り組みとして位置づけるのではなく、従来の学校経営の取り組みや新たな学習指導要領に基づく教育課題への対応としての施策と関連させ、複合的な施策として推進することが望ましいといえます。この点は新たな校内での教育環境整備に係る資源開発にもつながります。このように基礎的環境整備は、これまでの学校経営のリデザインであるととらえ、今後の学校経営においては特別支援教育の推進のための施策という視点だけでなく、総合的な教育の質向上のための施策という視点でとらえることが管理職には求められます。

ここがポイント 基礎的環境整備を進めるためには

- 学校経営のリデザイン（redesign）の視点を導入する
- 「校内委員会」を中核とし、権限と予算を付した組織の編成・整備をはかる
- 基礎的環境整備の推進は、教育の質向上ととらえるフレームを共有する
- 現代的な教育課題への対応としての複合的な施策を推進する
- ユニバーサルデザインの考え方を考慮して進める

ベテラン先生からのアドバイス

文部科学省が推進する「心のバリアフリー学習」が小・中学校で進められ、実践事例・教材の報告（大阪府高槻市「バリアフリー教育用副読本」）もなされています。今後の学校経営において校内の基礎的環境整備を進めるためには、教職員のみならず児童生徒の理解と取り組みへの参加環境を整え、さらに「社会モデル」での障害などの特別なニーズへの理解を深めるという観点から、総合的な学習の時間などによる教育実践を通した基礎的環境整備の推進という視点も求められます。

その際には、交流及び共同学習だけでなく、障害当事者を講師としたユニバーサルデザインアイテムの作成や、福祉の街づくりの現状調査などの総合的な学習の時間などでの教育実践を展開し、系統的な指導体系を整え、進めていくことが有効です。

（山梨県立大学准教授　田中　謙）

Q&A編

 Q10 個別の教育支援計画などの管理のしかたは，どうしたらよいですか。

個別の教育支援計画を適切に保管しているか。

事例検討のためにAくんの個別の教育支援計画を見せて

あれ，Aくんの書類がない

重要な個人情報なので，きちんと金庫にしまって…

 個別の教育支援計画などは児童生徒の重要な個人情報です。管理運営規程などを作成し，原本を学校で厳重に管理し，取り扱いに留意しましょう。

　学校で作成をする指導計画に関する書類は，個別の教育支援計画や個別の指導計画などがあります。ほかには個別移行支援計画などもあります。また，2018年には「不登校児童生徒，障害のある児童生徒及び日本語指導が必要な外国人児童生徒等に対する支援計画を統合した参考様式の送付について」が通知されました。

　これは，日本語指導が必要な外国人児童生徒に特別の教育課程を編成して実施する場合に作成する指導計画と不登校児童生徒に対する組織的計画的な支援を実施する場合に作成をする資料など，複数の計画を一つにまとめるために出された通知です。様式については「児童生徒理解・支援シート(参考様式)」を参照してください。

　個別移行支援計画は，特別支援学校などを卒業して自立と社会参加を円滑に進めるために作成するものです。これは，個別の教育支援計画の一部とも考えられます。

　個別の指導計画と個別の教育支援計画は，小学校学習指導要領解説にも「(障害のある児童には)家庭，地域及び医療や福祉，保健等の業務を行う関係機関との連携を図り，長期的な視点で幼児への教育的支援を行うために，個別の教育支援計画を作成し活用することに努めるとともに，個々の幼児の実態を的確に把握し，個別の指導計画を作成し活用することに努めるものとする」と書かれています。また，通級による日本語指導を受ける児童にも個別の指導計画の作成が求められています。中学校の学習指導要領解説書も同じです。

　個別の指導計画は，学習指導を実施するための幼児児童生徒個々の詳細な計画です。幼児児童生徒一人ひとりの実態を把握して自立と社会参加を見通し，指導目標や内容その方法や課題達成のための手立てを書いた計画です。それに基づいて指導を実施します。学期ごとや学年ごとに

作成・見直し・評価をします。その期間は，各学校で決めます。

通知票に代えている場合もあり，保護者と話し合う部分や見せる部分などについては各学校での検討が必要です。

個別の教育支援計画は，就学から卒業までの一貫した指導や支援のための，医療，保健，福祉，労働などとの連携のためのツール(道具)という位置づけになります。個別の指導計画と個別の教育支援計画は重複するものと考えがちですが，重複するのではなく連携するものと考えることが大切だと思います。

このような個別の教育支援計画などの資料の保管の仕方は，次のようになります。

①各自治体の個人情報保護条例に則って扱います。

②写しを関係機関に送る場合は，個別の教育支援計画の所定の欄に書かれた機関のみとします。それ以外の機関に内容を知らせる場合は，保護者の同意が必要です。

③保管場所は，職員室などの鍵がかかる書庫などです。職員室から持ち出す場合は，持ち出し簿に記入をするなどの対応が必要です。

④管理責任者を明確にして，半年に一回程度は確認(棚卸し)をします。

⑤コンピュータで取り扱う場合は，スタンドアローンの状態で使用します。

⑥紙媒体での保存がよいと思いますが，電子化をして保存をする場合は，指定した保存先に保存をすることが大切です。紙媒体の場合は，今後はＩＣタグの活用などが進むとよいと思います。

⑦原本は保護者がもつという自治体もありますので，原本と写しの保管についても明確にしておきます。

⑧卒業あるいは転出後の保管の期間は５年間という学校が多いようですが，これは指導要録に準じた扱いということだと思います。実際は，各教育委員会で決められた期間保管します。

ここがポイント　個別の教育支援計画などの資料管理のために

- 個別の教育支援計画や個別の指導計画などさまざなな保管資料がある
- それぞれの目的に応じて必要な会議を開き策定・作成をした大切なものである
- 管理方法は，具体的には各学校で決めるが，慎重に扱う

ベテラン先生からの　アドバイス

学校で作成する指導計画などの資料はさまざまです。具体的には，個別の指導計画，個別の教育支援計画，個別移行計画，児童生徒理解・支援シートなどがあります。

作成の目的を明確にして，それぞれの資料の連携をはかることが大切です。

個別の指導計画は，障害のある幼児児童生徒の指導にあたっては必ず作成をし，授業の根拠になるものです。個別の教育支援計画は，卒業までの一貫した支援の計画で，保護者や関係機関の関係者が協議をして策定をするものです。このように目的も作成方法も違いますので，書類の連関をはかることも大切になります。

(伊藤 甲之介)

Q&A編

 Q11 特別支援学級を運営する際の留意事項はどのようなことですか。

特別支援教育の推進の中核となる,特別支援学級をどう位置づけたらいいだろう。

通常教育の課題が山積している

特別支援学級の位置づけが難しくなった

力のある先生は通常学級に配置したいが…

 A 特別支援学級を特別支援教育推進の中核にすえた,学校経営ビジョンをもちましょう。

　2007年に出された「特別支援教育の推進について(通知)」(文部科学省)において校長の責務は次のように示されました。

　「校長(園長を含む。以下同じ。)は特別支援教育実施の責任者として,自らが特別支援教育や障害に関する認識を深めるとともに,リーダーシップを発揮しつつ,体制の整備等を行い,組織として十分に機能するよう教職員を指導することが重要である」「また,校長は,特別支援教育に関する学校経営が特別な支援を必要とする幼児児童生徒の将来に大きな影響を及ぼすことを深く自覚し,常に認識を新たにして取り組んでいくことが重要である」

　学校として通常学級における特別支援教育の推進を明確に示さなければならない中で,特別支援学級をどう位置づけるかは少々難しい問題となりました。かつての特殊学級である特別支援学級の存在を強調することは,通常学級に在籍する障害のある児童生徒やその保護者にとって,転級を勧められるのではないかという不安材料になるかもしれません。また,特別支援学級の急増によって専門的な先生が不足することとなり,障害児に対する専門性が十分ではない先生が多く配置される中で,どこまで特別支援学級に期待できるのかという危惧もあるようです。

　しかし,そのような難しさを抱えつつも,校内に特別支援教育を専門に行う部署が存在することは,特別支援教育推進にプラスだと考えるべきでしょう。特別支援学級とその担任教諭を校内体制の中核にすえた学校経営ビジョンを構築することが望まれます。

　特別支援学級の有する機能は大きく分けて二つあります。在籍する児童生徒を教育する「指導支援機能」と,学級のことや障害児について校内や地域に発信する「理解推進機能」です。この二つは車の両輪の関係で,どちらが疎かになっても

学級はうまく運営できません。

　指導支援機能は具体的には学級の児童生徒たちを教育するための教育課程の編成や授業を準備して実施することです。また，これらは学級内で完結するものだけでなく，校内の通常学級との「交流及び共同学習」や他校の特別支援学級との合同行事などもあります。そのため特別支援学級の授業づくりは校内全体の教育活動の進行や他校との連携を頭に入れ，全体のバランスを把握した上で行わなければなりません。

　理解推進機能としては，まず特別支援学級に在籍していない支援を必要とする児童への目配りが求められます。これは校内の特別支援教育コーディネーターと協力して行われるものです。したがって，特別支援学級の担任がコーディネーターを兼務するとこの業務を一人で行うことになり，過重負担となる危険性があるため注意が必要です。

　また，特別支援学級は複数の校区から児童を受け入れる場合があることから，担任は地域全体への理解推進も視野に入れた教育活動が必要です。就学や転学に向けた教育相談，学級公開，学区内の他校に向けた情報提供などです。

　校長には，これらの業務を理解した上での適切な人事配置と学級支援が求められます。

ここがポイント　特別支援学級を運営するときに配慮すること

- 校長は特別支援教育実施の責任者として，自ら障害への認識を深め体制などを整備する
- 特別支援学級とその担任教諭を校内体制の中核にすえた学校経営ビジョンを構築する
- 特別支援学級の二つの機能，「指導支援機能」「理解推進機能」について理解する
- 特別支援学級の業務を理解した上で適切な人事配置や学級支援を行う
- 特別支援学級担任と特別支援教育コーディネーターの兼務は，過重負担の危険がある

ベテラン先生からのアドバイス

　全国の特別支援学級の数は1996年に増加に転じ，20年以上経った今もなお増え続けています。学級数が増えれば当然先生が必要となりますが，特別支援学級を運営する専門的技量を有する先生の確保は困難で，担任になり子どもを指導しながら，並行して研修などで学ぶOJTの方法を取ることが多くなります。また，通信教育や認定講習などを通して特別支援学校教諭免許を取得することで専門性を担保する方法もあります。国立特別支援教育総合研究所や都道府県，市町村教育委員会が主催する研修会や民間教育団体が開催する研修会など多くの学ぶ機会を積極的に活用して，担任教諭としての専門性や力量の向上を目指すことができます。校長には先生がこれらの場を利用しやすくなる条件整備や配慮をお願いしたいところです。

　もう一つ大切なのは，担任として力をつけた先生が，長く特別支援学級で働き続けることができるための支援です。せっかく身につけたスキルを有効活用できるような人事配置が望まれます。

（郡山女子大学短期大学部教授　小林　徹）

Q&A編

Q12 通級による指導は，どのような教育形態ですか。通級指導教室の運営上の留意点はどのようなことですか。

通級による指導が適切に運営されているか。

通級に学習に遅れのある子が入っていいの？

通級指導教室の教育課程は，独自のものか？

保護者や通常学級担任との連携は，どうすればいい？

A 対象になる児童生徒の実態把握と適切な指導を行うとともに，教育課程上の位置づけをきちんとしておく必要があります。

通級による指導は，学校教育施行規則第140条及び141条に規定されています。小・中学校の通常学級に在籍する児童生徒が，各教科等は通常学級で学習し，特別な指導を通級指導教室で受けるという教育形態です。

その対象となる児童生徒は，言語障害，自閉症，情緒障害，弱視，難聴，学習障害，注意欠陥多動性障害，肢体不自由，病弱・身体虚弱のある児童生徒です。

したがって，知的障害の児童生徒や障害がなくて学習に遅れのある児童生徒は，通級による指導の対象となりません。また，通級による指導は，週1から8単位時間(LDとADHDについては月1単位時間からも可能)指導を受けられます。

通級による指導が必要か否かの判断は，校長が行うものではなく，市町村教育委員会が行います。市町村教育委員会は，在籍校の校長や保護者の申し出により，教育支援委員会の意見を十分にふまえて判断します。

教育課程上の位置づけは，児童生徒の属する学年の通常の教育課程に，通級による特別の教育課程を一部加える，またはふり替えることとなります。他校通級の場合も，在籍校の校長がその授業を自校の授業とみなすことができます。

通級指導教室は，単一の障害を対象とするのが基本ですが，発音指導において言語障害と難聴，対人関係やコミュニケーションの指導においてADHDと自閉症というように指導内容が比較的類似している場合には，二つ以上の障害種を対象とすることができます。

指導内容は，障害による学習上または生活上の困難を主体的に改善・克服するために必要な知識，技能，態度および習慣を養うことを目的とする指導である自立活動の内容です。「特別支援学校教育要領学習指導要領解説 自立活動編」の内容を参考とし，具体的な目標や内容を定め，指

導を行います。その際，効果的な指導が行われるためには，各教科等と通級による指導との関連をはかることが重要ですから，学級担任と通級担当者の連携が求められます。先生間や保護者との連絡ノートなどで，日ごろから連絡を密に取り，対象児童生徒の学習の様子や変容について情報交換を行うことが欠かせません。

新学習指導要領において，通級による指導を受けている児童生徒についても個別の指導計画や個別の教育支援計画を作成し活用することが定められています。個別の指導計画の作成において先生間の指導課題に関する共通理解をはかり，評価を基に改善点を明らかにしながら個別の指導計画を修正し，よりよい指導の実現をはかっていく必要があります。個別の指導計画を作成する際は，保護者の参加があれば児童生徒の課題に関する共通理解をはかることもできますし，また指導計画の説明をすることにより，保護者との信頼関係を築く機会になります。

また指導の記録は，非常に重要です。記録については，「障害のある児童生徒の就学について（通知）」(2002年5月文科初第291号)の留意事項で示されています。児童生徒の成長の状況をきちんと評価するため，在籍校では指導要録に「通級による指導の授業時数」「指導期間」「指導内容」「結果」などを記入しなければいけません。

管理職の先生にとっては，通級による指導が適切に運営されるために，通級による指導の対象，学習内容，評価，教育課程上の位置づけなどを理解して，担当教員への指導・助言が重要です。

ここがポイント　通級による指導で大切なこと

- 対象児がきちんと規定されている
- 教育課程上の位置づけをきちんとする
- 学習内容は，自立活動の内容を中心にする
- 学級担任と通級担当教師の，連携が重要である
- 個別の指導計画を活用する

ベテラン先生からのアドバイス

通級による指導は，通常の学級に在籍しながらニーズに応じて特別な教育を受けることができるという，日本でのインクルーシブ教育の推進にとって重要なリソースです。特別な支援を必要とする児童生徒そして保護者のニーズは高く，1993年に制度化されて以降，この指導を受ける児童生徒数は年々増加し，2017年度は108,946名(前年比10.8％増)です。児童生徒の増加は，指導担当者の増加を意味します。今後は量的な増加だけでなく，専門性の高い指導が求められます。効果的な指導のために「各教科等と通級による指導との関連をはかることが重要です。各学校においては通級担当者のみならず，すべての先生が自立活動の考え方や内容について理解できるように管理職の先生から発信していくことが大切です。

(池本　喜代正)

Q&A編

Q13　どのようなことが障害のある児童生徒への差別行為となり，どのようなことが差別行為とならないのですか。

児童の学びづらさを理解し，寄り添う対応を。

黒板の字がよく見えない

みんなも同じです，我慢しなさい

小さい字が見えにくい子は，前のほうの席に移そう

A　文部科学省対応要領，都道府県対応要領などに基づき判断していきましょう。

「障害を理由とする差別の解消の推進に関する法律」が，2016年4月に施行されました。この法律に基づき，文部科学省は，管轄する事業分野における差別の解消をはかるため，対応指針を示しました（文部科学省所管事業分野における障害を理由とする差別の解消の推進に関する対応指針の策定について〔通知〕2015年11月26日）。

この指針の対象は学校法人や学校設置会社などのため，直接，公立学校の教職員を対象としたものではありませんが，通知では都道府県教育委員会に対し，指針を域内における「対応要領」を策定する際の参考にするように求めています。

さらに「対応要領」により，何が差別となるのかが明らかになっています。その対応指針などを参考にすると，障害のある児童生徒への不当な差別的な取り扱いや合理的配慮などは，次のような内容があげられます。

●不当な差別的取り扱いにあたり得る具体例
・授業などの受講や実習など校外教育活動，入寮，式典参加を拒むことや，これを拒まない代わりとして正当な理由のない条件を付すこと。
・試験などにおいて合理的配慮の提供を受けたことを理由に，当該試験などの結果を学習評価の対象から除外したり，評価において差をつけたりすること。

●不当な差別的取り扱いにあたらない具体例
・障害のある児童生徒のため，通級による指導を実施する場合や特別支援学級において特別な教育課程を編成すること。

●合理的配慮にあたり得る配慮の具体例
(1) 物理的環境への配慮や人的支援の配慮の具体例
・移動に困難のある児童生徒のために，通学のための駐車場を確保したり，授業で使用する教室をアクセスしやすい場所に変更したりすること。

・聴覚過敏の児童生徒のために，教室の机・椅子の脚に緩衝材をつけて雑音を軽減する，視覚情報の処理が苦手な児童生徒のために黒板まわりの掲示物等の情報量を減らすなど，個別の特性に応じて教室環境を変更すること。
・介護などのための保護者などの教室の入室，授業や試験でのパソコンの入力支援，移動支援，待合室での待機を許可すること。

(2) 意思疎通の配慮の具体例

・言葉だけを聞いて理解することや意思疎通が困難な児童生徒に対し，絵や写真カード，コミュニケーションボード，タブレット端末などのICT機器の活用，視覚的に伝えるための情報の文字化，質問内容を「はい」または「いいえ」で端的に答えられるようにすること。比喩や暗喩，二重否定表現などを用いずに説明すること。

(3) ルール・慣行の柔軟な変更の具体例

・板書やスクリーンなどがよく見えるように，黒板に近い席を確保すること。

・試験などにおいて，児童生徒本人・保護者の希望，障害の状況などをふまえ，別室での受験，試験時間の延長，点字や拡大文字，音声読み上げ機能の使用などを許可すること。
・聞こえにくさのある児童生徒には，外国語のヒアリングの際に音質・音量を調整したり，文字による代替問題を用意したりすること。
・日常的に医療的ケアを要する児童生徒には，医療機関や児童生徒本人が日常的に支援を受けている介助者などと連携をはかり，個々の状態や必要な支援をていねいに確認し，過剰に活動の制限などをしないようにすること。

●児童生徒の学びづらさを理解し，寄り添う対応

対応指針，対応要領などを参考にして，障害のある児童生徒の学びづらさを予想したり，児童生徒などからの申し出を理解し，寄り添う対応が差別行為とならない鍵となります。その対応策の検討においては，特別支援教育コーディネーターや校内委員会の活用が重要です。

ここがポイント　差別行為とならないためにどのようにしたらよいか

● 「障害者基本法」「障害を理由とする差別の解消の推進に関する法律」などを理解する
● 文部科学省所管事業分野における障害を理由とする差別の解消の推進に関する対応指針の策定について〔通知〕を理解する
● 文部科学省対応要領，都道府県対応要領を参考にして，総合的・客観的な判断をする

ベテラン先生からのアドバイス

障害のある児童生徒への対応は，すべての児童生徒への対応と同様に，児童生徒の理解が重要です。特に障害のある児童生徒においては，その障害からの学びづらさの理解の把握が不可欠です。その理解が不十分であると，学級の児童生徒を平等に対応しようとする，先生のよかれと思う指導観が，差別的な対応を生み出してしまうことがあります。障害のある児童生徒の学びづらさを理解し，寄り添う対応をすることが，差別を生み出さない指導や学校環境の実現になります。

(中西　郁)

Q&A編

Q14 差別の事象があったとき，解決に向けてどのように対応していけばよいですか。

障害差別があったときは，すぐ解決しよう。

障害のある人の気持ちや特性などは，他の人にはわからない

相互に理解できると，双方にとってメリットがある

障害の状態や学習環境などに応じた合理的配慮が必要

A 児童生徒本人，保護者の意思をていねいに聞き取り，建設的な対話をくり返し行っていくことで，解決方策を見い出していきましょう。

　障害のある児童生徒と障害のない児童生徒がともに学ぶ仕組みであるインクルーシブ教育システムでは，障害のある児童生徒が教育制度一般から排除されないこと，児童生徒が生活する地域において初等中等教育の機会が与えられることなどが必要とされています。そして，児童生徒一人ひとりに必要な「合理的配慮」の提供が重要とされています。

●小・中学校での差別事例

　インクルーシブ教育システムが進められるなか，障害のある児童が小学校に入学する際に，「児童の安全性についての責任を学校に問いません」などの念書を保護者にとらせていたという事例があります。

　また，小・中学校で学ぶ障害のある児童生徒の中には，「保護者のつき添いを日常的に要求された」，「宿泊行事などに保護者のつき添いを要求され，保護者のつき添いがないと，連れていかないといわれた」，「障害のあることから水泳の授業を拒否された」などの差別事例もあります。さらに，担任から障害がある児童生徒へ「教えたってわからないだろう」などの差別的な発言がくり返されていた，指導を拒否されていたなどの人権侵害に値する事例もあります。

　これらの学校の行為は，学校が合理的配慮を怠っている，もしくは合理的配慮の実施を拒否しているととらえられても仕方がない対応です。また，担任による差別的な発言や行為は，重大な人権侵害であり，決して許されるべき行為ではありません。

●差別事象への対応のあり方

(1) 障害のある児童生徒本人，保護者からの意思
　　表明の確認

　合理的な配慮の提供の条件に，障害のある児童生徒本人や保護者からの意思表明が重要になります。そのため，差別事象の訴えがあった児童

生徒本人や保護者から，どのような配慮や対応を求めていたのかなどの意思をていねいに確認していきましょう。

意思の表明の方法には，言語（手話を含む）だけでなく，必要なコミュニケーション手段も含まれます。また，意思の表明が困難な場合には，コミュニケーションを支援する関係機関の職員に補佐してもらうことも大切です。そのうえで学校は，児童生徒の学校生活をしっかり観察して，他の児童生徒と平等に教育活動に参加できていない事実を確認しなければなりません。

(2) 建設的な話し合いの実施

次に，その解決策を探り，他の児童生徒と平等な教育活動を実現するための話し合いをもつことになります。話し合いには，障害のある児童生徒本人，保護者の意向を尊重していくことや，障害の理解特性について理解を深めていくプロセスが大切です。

その際には，合理的な配慮が特定の教科や特定の場面だけで必要なものなのか，学校生活全般で必要であるかなど，建設的な対話をていねいにくり返していくことが大切です。合理的な配慮が学校での対応だけでは実現不可能な場合は，教育委員会と相談していくことも重要です。

(3) 過重な負担にあたると判断した場合は，その理由を説明し，理解を得られるように努める

合理的配慮には，均衡を失したまたは過度の負担を課さないものとすることが大切です。そのため，対応の具体的場面や状況を総合的・客観的に判断し，過重な負担にあたると判断した場合は，その理由を説明し，理解を得られるように努めていく必要があります。

ここがポイント　差別的行為とならないために

- 児童生徒本人，保護者の意思をていねいに聞き取る
- 児童生徒本人，保護者との話し合いを通じて，障害特性を理解する
- 建設的な対話を行う
- 過重な負担でない対応をしていく
- 過重な負担にあたる場合は，その理由を説明し，理解を得られるように努める

ベテラン先生からのアドバイス

学校の対応は差別であるとの訴えが保護者などからあった場合，その保護者の児童本人，保護者からの主張（意思）をあらためてていねいに聞き取ることから対応をはじめましょう。すぐに解決とならなくとも，建設的な対話をくり返し行い，その児童が必要とする合理的配慮を提供できるようにしていきましょう。そのことで，障害のある児童の豊かな学校生活の実現をはかりつつ，差別的であるとする対応への改善・解決をはかっていきましょう。

（中西　郁）

Q&A編

Q15 合理的配慮とは，どのようなことでしょうか。

障害による困難さへの個別対応はさまざまです。

車椅子でも学校内を自由に移動できる

理解しやすい教材を用意してもらえる

障害支援のためにICT機器を活用できる

A 個別の求めに応じて，必要な支援をしていきましょう。

●合理的配慮の定義

2012年に中央教育審議会初等中等教育分科会から出された「共生社会の形成に向けたインクルーシブ教育システム構築のための特別支援教育の推進（報告）」では，合理的配慮を，「障害のある子どもが，他の子どもと平等に『教育を受ける権利』を享有・行使することを確保するために，学校の設置者及び学校が必要かつ適当な変更・調整を行うことであり，障害のある子どもに対し，その状況に応じて，学校教育を受ける場合に個別に必要とされるもの」であり，「学校の設置者及び学校に対して，体制面，財政面において，均衡を失した又は過度の負担を課さないもの」と定義しています。

●合理的配慮の性格

この定義によると合理的配慮は以下の性格を持っています。
・障害のある児童生徒の教育を受ける権利を確保するために行われる。
・学校の設置者および学校が行う。
・児童生徒の状況に応じて個別に必要とされる。
・学校の設置者および学校に過度の負担を課さない。

障害のある児童生徒が学校生活を送る上で，バリアになるもの（暮らしにくさ，学びにくさ）を個別に把握し，対応していくことが求められます。

なお，特定の児童生徒のためではなく，全体的に配慮されているもの（例えば昇降口のスロープなど）は，個別に対応しているものではないので，合理的配慮の基礎となるものとして，「基礎的環境整備」といわれています。

実際に合理的配慮を行うには，障害のある児童生徒の個別の教育的ニーズを把握し，暮らしやすさや学びやすさをつくっていくことになります。こう考えると難しいようですが，児童生徒がどこでつまずいているか，困っているか，ということに

目を配ることは，本質的に，先生方がこれまで行ってきた児童生徒理解の営みと同じです。

● **具体的な合理的配慮のあり方**

具体的な合理的配慮のあり方については，中央教育審議会初等中等教育分科会に設けられた特別支援教育の在り方に関する特別委員会・合理的配慮等環境整備検討ワーキンググループが2012年に報告をまとめています（URL　http://www.mext.go.jp/b_menu/shingi/chukyo/chukyo3/046/houkoku/1316181.htm）。

この報告の別表に障害ごとの合理的配慮の視点や例示がありますので，参考にしてください。

● **合理的配慮の共通理解のために**

ところで，現場で合理的配慮を行った場合，ときに学級の他の児童生徒や他の先生から，「この子だけの特別扱いではないか」という声があがることがあります。これは，合理的配慮の根拠となる理念である共生社会の実現への明らかな誤解もしくは理解不足です。共通理解をはかっていくことが求められますが，これは担任だけでは荷の重い作業になります。合理的配慮の共通理解をはかるには，特別支援教育コーディネーターや管理職に協力を求め，全校的な特別支援教育体制づくりを併行して進めることが必要です。「決して担任だけで背負いこまないように」と願います。

また，合理的配慮は学校にも過度の負担を課さないものとされています。児童生徒や保護者と意思疎通をはかりながら，実現可能な配慮をしていくことが大切です。

ここがポイント　合理的配慮のために

- 個別の教育的ニーズに基づいて行う
- 児童生徒の暮らしにくさ，学びにくさを把握する
- 特別支援教育コーディネーターや管理職の協力を得て，全校的な共通理解をはかる
- 実現可能な配慮から始める

ベテラン先生からのアドバイス

通常の教育では，近年「わかる授業」ということが大切にされています。これは，「障害の有無にかかわらずすべての児童生徒にわかる授業を」という趣旨での主張です。その結果，さまざまな授業づくりの工夫が関連雑誌や書籍で紹介されています。この「わかる授業」という考え方は，わが国の伝統である授業研究の積み重ねから導かれた知見ですが，期せずして特別支援教育が大切にしてきた個に応じた指導・支援に通じる考え方ということができます。こう考えると，授業における合理的配慮は，決して新しいことではなく，先生のこれまでの仕事の中にたくさんのヒントがあると思えるのではないでしょうか。「わかる授業」の授業づくりの考え方を「Aさんにわかる授業」という視点で個別化すれば，合理的配慮の手立てが見えてくるはずです。

（名古屋　恒彦）

Q&A編

Q16 合理的配慮に関して，どんな場合に過重な負担となるのでしょうか。代替え案の提示はどのようにすればよいでしょうか。

合理的配慮での過重な負担にどう対応するか？

うちの子に指導補助員をつけてもらえませんか？

校長先生、うちのクラスに指導補助員をつけてください！

どうして指導補助員が必要なのですか？

A 合理的配慮の申請の内容をきちんと把握し，校内委員会で共通理解をはかり，必要で可能な対応から考えていきましょう。

2016年4月に，障害を理由とする差別の解消の推進に関する法律が施行されました。合理的配慮の提供が，行政機関などには義務づけられ，事業者には努力義務とされました。学校も国公立では義務，私立では努力義務とされました。

ただし，2015年に文部科学省が発出した「文部科学省所管事業分野における障害を理由とする差別の解消の推進に関する対応指針の策定について」(以下，「指針」)は私立学校も対象となりますので，私立学校においても努めて合理的配慮を提供できる体制整備が求められます。

義務とされたことは重く受け止めなければなりませんが，指針には，「障害者から現に社会的障壁の除去を必要としている旨の意思の表明があった場合において，その実施に伴う負担が過重でないときに合理的配慮に努めるように」とされています。過重な負担も考慮し，「代替措置の選択も含め，双方の建設的対話による相互理解を通じて，必要かつ合理的な範囲で，柔軟に対応がなされるものである」ともいわれています。

指針では，過重な負担の基本的な考え方に関して以下のように述べられています。

●過重な負担の基本的な考え方

過重な負担については，関係事業者において，個別の事案ごとに，以下の要素等を考慮し，具体的場面や状況に応じて総合的・客観的に判断することが必要であること。個別の事案ごとに具体的場面や状況に応じた検討を行うことなく，一般的・抽象的な理由に基づいて過重な負担にあたると判断することは，法の趣旨を損なうため，適当ではないこと。過重な負担にあたると判断した場合には，障害者にその理由を説明するものとし，理解を得るよう努めることが望ましいこと。

・事務・事業への影響の程度(事務・事業の目的・内容・機能を損なうか否か)
・実現可能性の程度(物理的・技術的制約，人的・

体制上の制約）
・費用・負担の程度
・事務・事業規模
・財政・財務状況

があげられています。

● 学校での代替案について

　学校での合理的配慮は，児童生徒本人あるいは保護者の申し出に基づいて行われますが，その実現について現実的・具体的な検討をし，その上で過重な負担があると判断された場合は，本人や保護者と話し合い，信頼関係の下で，代替案を考えていくことになります。

　代替案は，ニーズや期待される合理的配慮によって多様です。

　筆者の経験から例をあげるとすれば，車椅子で二階に上がるためのエレベーターや昇降機が設置できなかった場合，二階の階段脇にもう一つ車椅子を常備し，階段を上がる際は，先生が児童を抱き上げ，二階の車椅子に乗り移って移動するという支援がありました。

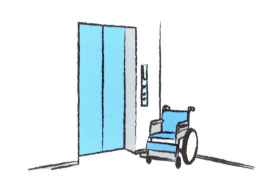

ここがポイント　合理的配慮の代替案を示すにあたって

- 合理的配慮の根拠となる個別の教育的ニーズを把握する
- 実現可能性は，一般的・抽象的に判断せず，現実的・具体的に検討する
- 過重な負担があると判断された場合，本人や保護者と対話を重ね，共通理解のもとで，代替案を講じる

ベテラン先生からのアドバイス

　合理的配慮の代替案を考えるのは，現場では難しいことです。というのも，案そのものを考える難しさもさることながら，本人や保護者の思いに寄り添って発言し，行動する難しさを伴うからです。

　過重な負担があると判断したとしても，それが本人や保護者の心の負担になるような伝え方はできません。実現できないことを誤解なくはっきり伝えなければなりませんが，「無理です」「たいへんです」と安易にいうのは厳禁です。

　なんとかしたいという共感の中での対応が求められます。そのためには，代替案を考える基本的姿勢のありようもかかわってきます。筆者は，先生が児童生徒の教育的ニーズを把握し，「こうすればできる」ということを主体的に発想していく姿勢が不可欠ではないかと考えます。

　求めに応じて，ということだけでなく，先生から積極的にニーズを把握し，対応を提案していくという姿勢があれば，共感的に進めていくことができるのではないでしょうか。

（名古屋　恒彦）

Q&A編

Q17 障害のある児童生徒の受け入れにあたって，学校事務職員などが留意することは何ですか。

事務職員などの学校関係者の対応は，学校に対する保護者の信頼感に影響する。

保護者は不安な気持ちで来校してくる

十分に話を聞いてもらえず，事務的な手続きに終始されたら

学校に対する不安感，不信感が高まる

十分な情報提供とていねいな対応に心がけ，安心感が得られるようにします。

障害のある児童生徒の就学にあたっては，早期から教育相談を行い，児童生徒や保護者の意見を可能な限り尊重し，決定していくことになりますが，就学先の決定については，決定後も多くの保護者は不安を持ち続けています。

事務職員も含め，学校関係者は相互に密接な連携をはかり，保護者に就学の際に必要な情報を十分に提供し，手続き上，とまどうことがないようにていねいに対応することが，保護者に安心感を与え，学校への信頼関係へとつながります。

学校関係者どうしの連絡が不十分で保護者の来所が周知されていなかったり，必要な書類などの手続きについての事前の連絡が不十分であったり，担当者により考え方や対応のしかたが異なっていたりすると，どこに相談に行けばよいのかわからなくなったり，知っておくべき情報にかたよりや漏れがあったり，再度来校する必要性が出てくることへの負担感を感じたりなど，さまざまな問題が生じる要因となり，保護者の学校に対する不信感につながってしまうことにもなりかねません。

早期から養育や教育についてさまざまな専門機関において相談し，助言を受けている障害のある児童生徒の保護者であっても，子どもに関する悩みや不安はそう簡単に解決できるものではありません。そのような保護者の不安や悩みを受け止め，学校関係者は十分に話を聞くという姿勢で対応する必要があります。

各学校は，管理職をはじめとして特別支援教育コーディネーター，養護教諭，特別支援学級の担任などが，いつでも保護者の相談に応じられるよう校内の相談体制を整備しておくことはもちろんのことですが，すべての学校関係者が児童生徒や保護者の気持ちを汲み取り，ていねいに対応するという意識をもっていることが大切です。

不安や悩みを抱えている保護者は，いろいろな人に自分の思いを聞いてほしいという気持ちを強

くもっています。事務職員などの先生以外の学校関係者に対しても，児童生徒の抱える困難さや課題などについて，話し始めることもあります。その際，自分は先生ではないので話を聞くことができない，相談担当の先生に話してほしいという対応ではなく，まず，窓口としてていねいに保護者の抱えている悩みを受け止めるという姿勢を示しながら，相談担当の先生につなげていく対応が望まれます。学校関係者が子どもの話を真摯に聞いてくれたことが，学校に対する保護者の安心感と信頼関係につながっていきます。

入学前に小学校の活動に参加したり，小学校の探検に出かけたりする幼稚園や保育所も増えています。また，入学前に学校見学を行い，教室の様子やトイレの場所を確認したり，入学式の前に会場を見学したりすることで，安心して入学を迎えることができます。そのような場合にも学校事務職員の窓口としての対応が重要になります。

ここがポイント　学校事務職員が留意することは

- 障害のある児童生徒の保護者は，不安や悩みを抱えやすいことを共通理解しておく
- 関係者相互に密接な連携をはかり，児童生徒や保護者の情報を共有化しておく
- すべての学校関係者が保護者などのワンストップ窓口となることを意識する
- 保護者のニーズに応じて具体的に説明するなど，ていねいな対応することを心がける
- あたたかい雰囲気で保護者を迎える

ベテラン先生からのアドバイス

特に，就学先を決定する時期は，障害のある児童生徒の保護者にとっての最大の悩みと不安を抱える時期になります。多くの保護者は，就学する予定校において，自分の子どもに対してどのような教育を保障するのがいちばんよいのか，学校の教育方針や学習内容について，また，児童生徒の発達段階や成長の見通しについて，具体的に知りたいと考えています。このような保護者の希望に応え，保護者に十分な理解をはかるために具体的な情報提供の機会となる，学校見学や体験入学などの機会を提供します。

学校見学や体験入学などを行う際には，単なる学校の施設見学だけに終わらせないという配慮も大切です。児童生徒一人ひとりを大切にしている学校であるという印象をもってもらったり，安心して通わせることができるように，あたたかい雰囲気で保護者や本人を迎えたりするなど，保護者の学校に対する不安や悩みを少しでも軽減できるように，保護者の疑問などにも一つひとつていねいに応じ，具体的にわかりやすく説明することに心がけることが大切です。

保護者にとっては，管理職や担当の先生だけでなく，事務職員なども含めた学校関係者の対応が，学校に対する安心感や信頼関係をつくっていきます。

(独立行政法人国立特別支援教育総合研究所発達障害教育推進センター 上席統括研究員（兼）センター長　笹森 洋樹)

Q&A 編

Q18 教員の資質・能力の向上のために，どんな教員研修を進めていけばよいでしょうか。

いったいどんな教員研修をすればよいのだろう？

特別な支援が必要な生徒が入学してくる

どんな生徒も輝ける学校にしたい

管理職として，先生方にどんな研修を考えればよいのだろうか

A 教員の困り感に寄り添うような教員研修が大切です。

まず，管理職として，学校経営方針の柱の一つに特別支援教育の推進をあげ，全校的な支援体制を確立する姿勢を示す必要があります。多様な児童生徒たち一人ひとりのニーズに応じた教育を充実させていくことが大切であると示し，その上で教員の困り感に寄り添うような教員研修が効果的です。

特に，すべての通常学級に発達障害の可能性がある児童生徒がいるという現状をふまえて，全教員が特別支援教育についての基礎的な知識や技能をもつことが必須であることを理解させ，教員の専門性をはかる手立てを講じていきましょう。

●教員研修の内容

研修の内容としては，すべての教員，特別支援教育コーディネーター，特別支援学級などの担当教員，それぞれの役割に応じて必要な研修を考えてみましょう。例えば，すべての教員に必要な研修の内容として，以下のことが考えられます。

表　すべての教員に必要な研修
- ○特別支援教育に関する知識
  特別支援教育を取り巻く現状理解，学校現場における仕組みや制度・知能検査などの測定方法に関する知識，障害全般に関する理解，発達障害を含む各障害についての理解など
- ○具体的な支援・対処方法
- ○「個別の指導計画」「学校生活支援シート」の作成・策定方法
- ○障害のある保護者対応
- ○障害のある児童生徒のいる学級内の他の児童生徒への対処方法
- ○障害のある児童生徒のいる学級内の保護者への対処方法
- ○関係諸機関との連携方法

障害者差別解消法により，障害のある人への「合理的配慮」の提供が求められています。これからの社会は「共生社会」であるということを理解し，対応の必要性について具体的に考えていくことは大切です。これらの研修を進めるために，以下の二つの方法が考えられます。

●研修を進める方法
(1) 専門家を招聘しての研修
　できるだけ実態に合った研修を行うことが大切です。講義だけでなくケースに基づく実地研修が有効です。例えば，ある架空の児童生徒を想定して，実態把握をし具体的な支援方法を協議したり，学年ごとに指導に困難を感じている児童生徒について，課題をあげて支援方法を話し合ったりする研修が考えられます。講師は，巡回相談員やスクールカウンセラー，特別支援学校の管理職や特別支援学級の担任など，現場に合ったアドバイスができる先生を招聘すると，教員は自分のこととして考えられ，学習意欲も高まります。

(2) 学級づくりや授業づくりの視点での研修
　いわゆるユニバーサルデザインに基づく学級や授業づくりの研修です。障害のある児童生徒にとって必要な手立ては，すべての児童生徒にとって学びやすい環境です。そのことを知ることは，児童生徒への理解が深まり，教員自身の指導の幅を広げるきっかけともなります。研修方法として，先生が生徒役となって行う模擬授業などのロールプレーも考えられます。

ここがポイント　教員研修を有効に進めるためには

- 学校経営方針の柱として特別支援教育の推進を位置づけ，管理職がすべての先生を支援する姿勢を示す
- 関係諸機関と連携し，講師を積極的に招聘する
- 発達障害などの理解や知識を具体的な事例を通して学ぶ
- 学級経営力や児童生徒への的確な対応力を身につけさせる

ベテラン先生からのアドバイス

　新たに校内研修の時間を取るのは，なかなか難しいことです。校内委員会や学年会といった場を活用して，講師を招聘し，ケース会形式の研修を行うのも一つの方法です。また毎回の職員会議に短時間でできるミニ研修会を位置づけるのも，教員の意識改革には有効でしょう。

　教員には，積極的に外部研修を受講させたいものです。特に特別支援学級担任や特別支援コーディネーターには，他の教員へ指導・支援をしていく専門性が求められます。長期休業中を活用して，受講を促す声かけをしていくことが大切です。

　現在，国立特別支援教育総合研究所では，「インクルDB」をはじめ，さまざまな情報が検索できます。教員の困り感に寄り添うには，管理職自ら一人ひとりの児童生徒の状況を把握する努力をし，指導・支援を教員とともに考え，励ましていくことが重要です。

(東京都府中市立第三中学校校長　髙岡 麻美)

Q&A 編

Q19 障害のある児童生徒の担任のなり手がいないときには、どうすればよいでしょうか。

だれも障害のある子の担任をしようとしない。

「専門家ではないので、できません」と断られる

「私よりふさわしい人がいます」…と次々に断られる

いったいだれを担任にすれば…

A 管理職として「あなたにこそ担任してもらいたい」という思いで話していきましょう。

●「なり手がいない」のはなぜか

学級担任を決めるときに「私はいやです」と管理職に面と向かっていう人はほとんどいないでしょう。なぜなり手がいないのか、そこにはいくつかの要因があります。

(1) 専門家ではない、という気持ち

「自分は障害児とかかわったことがない」、「専門的な勉強をしていない」、「障害のある子の担任は専門家がやるべきだ」といった思いが、自分から手をあげられない原因となっています。

(2) 自信がない

障害のある児童生徒を受け止めて、自分が学級経営をしっかりとしていくだけの自信がない、という思いが強いケースがあります。自分にとって未知なゾーンであるという思いももつようです。

(3) 若手や異動してきた人がやればいい、という気持ち

障害のある児童生徒を受けもつことは、「膨大なエネルギーを必要とし、負担が大きい」と考えている先生は、初めて担任をやる若手や、いままでの様子を知らない外部からきた先生に担任をやらせるべきだ、という考えになる傾向があります。

これは、過去に一部の管理職がそうやって障害のある児童生徒の担任を決めていった、ということにも原因があります。事実、障害の重い児童生徒の担任を学級替えがあるたび、異動したての先生を担任としたというケースがありました。

こうなると「障がいのある子」は学級経営にとってマイナスでしかない、と思われているようで少々怒りもわいてきます。

●そのときの対処法

管理職としては、「これからの教育は障害のある子も含めて進めていくことがあたり前である」という説明をしなくてはいけません。インクルーシブ教育に照らして考えたときに、障害があることで学級から排除されたり疎外されたりということ

はあってはならないことです。まずは「これからはあたり前」ということを先生方に意識してもらうことが重要です。

(1) 専門家でなくてもよい

専門家でなくても「その児童生徒としっかりとかかわってくれればよい」ということを話します。このときにとりわけ重要なのが、「担任まかせにしない」ということです。

どの学校でも特別支援校内委員会が設置されていると思います。校内委員会で支援の方法を検討し、決して担任一人が抱え込むということがないようにすることです。また、校内委員会を機能させることで専門性という面もある程度カバーできます。

(2) 自信がなくてもよい

自信がなくても校内委員会や管理職が支える、といっていくことが大事です。

(3) あなたにこそ担任してもらいたいという思い

管理職としては、やはり「この人にこそ」というところで担任を決めたいものです。そうした思いをしっかりと相手に伝え、「ともにこの子の教育を進めていきましょう」と話していくことです。

ここがポイント　担任のなり手がいないときには

- なり手がいないのはなぜか
  ①専門家ではないという気持ち
  ②自信がない
  ③若手や異動してきた先生がやればいいという気持ち
- その対処法
  ①専門家でなくてもよい
  ②自信がなくてもよい
  ③あなたにこそ担任してもらいたい、という気持ちを伝える

ベテラン先生からのアドバイス

管理職の立場からすると、すべての状況を見て学級担任を決めるわけですから、いわゆる力のある先生をどこに配置するかも、そのときの状況によります。あくまでも全体を見通しての学級編成ですが、管理職として、この人にやってもらいたい、というときに本人が納得してくれるか、ということが大きな課題です。「だれもなり手がいないのでお願いします」なのか、「先生しかこのクラスはもてないと思うのでお願いします」なのかで、いわれる側の受け取り方は違うでしょう。

最後は誠意の問題だと思います。障害のある子の就学を断れない現状ですから、「あなたに期待している」「あなたしかいないと思っている」「あなたが担任してくれないとこの子の教育保障ができない」ということを、誠意をもって話すことだと思います。

(東京都杉並区立杉並第四小学校校長　高橋 浩平)

Q&A 編

Q20 担任から，授業の補助の人的対応が欲しいと要求されましたが，どのように対応すればよいでしょうか。

障害のある児童生徒に対し，担任一人では授業をうまく進められない。

何に困っているのか，実態を把握しよう

校内体制を見直そう

教育委員会に相談しよう

A　「校内でできること」「市区町村の教育委員会にお願いすること」この二つの方向から考えてみましょう。

　今は，どの学校にも，多かれ少なかれ支援の必要な児童生徒がいます。その中でも，担任の個別対応ですむ児童生徒もいれば，常にそばにいて助け舟を出さなければならない子もいます。さらには，集団の中では適応できず，別室で個別に対応しないとならない子もいるでしょう。

　まず，その児童生徒が，どの程度の段階なのかを把握しましょう。担任のその子に対する対応の仕方に課題がある場合も多々あります。管理職の授業観察や，主幹・主任・同学年の先生方から見た担任教員のかかわり方についても把握する必要があります。

　次に，校内委員会を開き，「授業補助・人的対応」を含めた，対応策を委員会として決定していく必要があります。その際には，特別支援コーディネーターやスクールカウンセラーにも前もって，児童生徒の観察をしておいてもらうとよいでしょう。その際の観察の観点は

・担任の児童生徒への対応のしかた（言葉のかけ方）はどうか。
・教材教具は適しているか。
・児童生徒がどんなところにつまずき，困り感を感じているのか。などです。

　それら準備を整えた上で校内委員会において人的配置が必要と判断されたとき，校内の人間でどの程度の配置ができるかを決めます。

　小さい学校ですと，音楽や図工などの先生の時間数が少ないので，主に専科の先生に入っていただくことが多くなるかと思います。また，学習指導支援員や特別支援教育の支援員などが配置されている学校でしたら，現在の配置状況を見直し，学級配置や個別児童生徒への対応の時間数などの変更をしていくという方法があるかと思います。

　校内委員会は，できれば，月に一度くらいを設定しておくと，担任も心配なときに，その会議に

かければよいという安心感をもって日々の学級経営ができると思います。

　管理職として，さらにもう一段階対応しなければならないことは，教育委員会との連携でしょう。

　校内において人的配置で対応できる程度の児童生徒でしたらよいですが，中には教室を飛び出してしまったり，命の危険（本人のみでなくまわりの子も含め）までも心配な児童生徒もいたりします。そのような状況のときは，すぐに教育委員会と連携し，保護者も含めて人的対応を含めた対応策を考えなければなりません。

　まず，両者に児童生徒の実態を見に来てもらい，実情を把握してもらいましょう。そのうえで，学校がやるべきこと，保護者がやるべきこと，そして，教育委員会がやるべきことを確認し，その児童生徒にとってもまわりの児童生徒にとっても一番よい方向性を見い出すことが大切です。

　すべての児童生徒には，学習を受ける権利があります。教室を飛び出してしまう子，教室で落ち着かず他の児童生徒に迷惑をかけてしまう子，そして，迷惑をかけられる子どもたち。それらすべての子に学習権はあるのです。担任一人がその時間にできる指導は限られています。担任が，安心して指導ができるよう，学校全体の体制を整え，支援員（補助員）と連携し，指導にあたれるよう，環境を整えることは管理職として大切な仕事の一つです。

ここがポイント　授業の補助の人的対応を求められたら

- 児童生徒の実態を把握する
- 先生のかかわり方や授業のしかたを把握する
- 校内委員会を機能させ，学校の教職員全体で考えていく
- 保護者にも理解，協力を促す
- 教育委員会に実態を見てもらう

ベテラン先生からのアドバイス

　まずは，担任の困り感を理解してあげることが大切です。担任のかかわり方に課題があるとしても，何に困っているのか，児童がどんな状況にあるのかを管理職としては，「聞く」「見に行く」ことが大切です。

　先生のかかわり方や授業のしかたを改善すればよいことであっても，とりあえず校内委員会にあげて学校全体でその児童生徒の課題について共有し，考えていくことをお勧めします。

　校内での人的対応は，昨今の先生の多忙さを考えると，できれば避けたいと思います。しかし，自治体によっては，人をなかなかつけてもらえないことも多いので，特別支援教育や発達障害などについて教員研修を積んでおくことが大切です。先生一人ひとりが正しく理解することで，校内の応援体制もおのずからできてくるのではないでしょうか。

（東京都新宿区立花園小学校校長　大久保 旬子）

Q&A 編

 Q21 特別なニーズのある児童生徒への教育における，養護教諭の役割は何でしょうか。

特別なニーズがある児童生徒に対して，養護教諭に期待される役割は。

健康に配慮が必要な児童生徒が増えてきた

発達障害や精神疾患のある児童生徒が増えてきた

医師や看護師，心理や療育の専門家にも協力してもらえる

 A 医療知識を持つ教員として，校内の多職種チームの要として期待されます。

●養護教諭の役割

学校教育法第37条の12では，「養護教諭は，児童の養護をつかさどる」としています。また，文部科学省「現代的健康課題を抱える子供たちへの支援～養護教諭の役割を中心として～」(2017年3月)では，「養護教諭は，児童生徒の身体的不調の背景に，いじめや不登校，虐待などの問題が関わっていること等のサインにいち早く気付くことができる立場であることから，児童生徒の健康相談において重要な役割を担っている」とあります。

●特別ニーズ教育と特別支援教育と特殊教育の関係

特別支援教育は，特殊教育対象の障害種（盲・聾・知的障害・身体障害・病虚弱など）に2017年から小・中学校の発達障害などを加えたものです。特別ニーズ教育は，1994年にユネスコとスペイン政府共催の「特別なニーズ教育に関する世界会議」のサラマンカ宣言で使われた言葉で，対象は通常の教育条件とカリキュラムのもとでは十分な学習と発達が保障できず，何らかの教育上の配慮を必要としている子どもたちを総称するもので，病気や障害だけでなく，学力不振，不登校・登校拒否，被虐待児，非行少年，日本語を母語としない子どもなど学校生活上で幅広く困り感を持つ児童生徒を対象にしています。

小・中学校の発達障害児の在籍率6.5%（2012年度文部科学省調査），医療的ケア児858人在籍（2017年度文部科学省調査），そして保健室登校などをしている児童生徒など，その対象は幅広いです。

●新学習指導要領（2017年公示）

新学習指導要領の第1章総則「第4児童の発達の支援」の「2 特別な配慮を必要とする児童への指導」において，「障害のある児童などへの指導」「海外から帰国した児童などの学校生活への適応

や，日本語の取得に困難のある児童に対する日本語指導」「不登校児童への配慮」など，特別ニーズ教育に相当する内容をふまえた記述になっています。

● **多職種によるチームのコーディネート**

文部科学省「チームとしての学校の在り方と今後の改善方策について（答申）」（2015年12月）では，心理職や医療職など多職種が学校に導入されている現状をふまえ，養護教諭には「養護教諭の固有性独立性の確立と関係者との調整するコーディネーター力が求められる」としています。

● **特別支援教育における養護教諭の役割**

「平成29年度特別支援教育に関する調査の結果について」（文部科学省初等中等教育局特別支援教育課，2018年3月29日）によると，特別支援教育コーディネーターを担う役職は，特別支援学級担任，通常学級の担任が多いですが，養護教諭も小学校で7.6％，中学校で8.4％，高等学校（通級および特別支援学級担当の選択肢なし）で16.0％が指名を受けています。

養護教諭が特別支援教育コーディネーターを担当する・しないにかかわらず，担任や特別支援教育コーディネーターと協力して，相談者本人が理解しやすい方法で健康相談活動を行い，必要に応じて医療・福祉機関などにつなげ，適切な支援体制をつくっていく校内委員会のメンバーとしての活躍が期待されます。

ここがポイント　養護教諭は，その立場と専門性からコーディネート力を発揮できる

- 保健室に来る児童生徒の様子などから特別なニーズを発見できる立場
- 学校の中で最も医学的な知識を持つ職種
- 多職種，特に医療関係者（医師，看護師，リハビリ（PT，OT，ST，心理）など）のかかわりが増える中で，一般の先生にもわかる言葉に翻訳して伝えることができる

ベテラン先生からのアドバイス

養護教諭が特別支援教育で活躍するためには，コーディネート力をつけることです。例えば校内委員会，外部機関と行う個別支援会議，病院に入院していた児童生徒が退院時に行われる退院時カンファレンスへの参加などを通して，校内の支援に生かすための調整役を担う力です。

ただし，こうした力を大学の養成段階で十分身につけているわけではありません。養護教諭養成課程には，教育学部系と看護学部系の二通りがあります。教育系は看護学や臨床経験の機会は少なく，看護系は逆に教育学の部分が少ないので一長一短があります。

いずれにしても現場での経験をふまえ，研修で深化させてコーディネート力をつけていきます。管理職の皆さんには，実践力を高めるために必要な研修を養護教諭に勧めていただきたいと思います。

（NPO法人地域ケアさぽーと研究所理事　下川 和洋）

Q&A 編

Q22 障害のある児童生徒を受け入れる場合に，学習での制限や規制について，どのように考えていけばよいでしょうか。

必要かつできることを優先した関係者の合意形成が要。

不正確な情報では不安が増幅するばかり

学校の思い込みや先走りによる支援が，学習の妨げになることも…

学校管理職が，学校や社会を変えていくキーパーソン

A 学校を変えるチャンスととらえながら，不安を解消する手立てを講じることが重要です。

●障害のある児童生徒の受け入れの準備

　障害による学習の規制や制限を考慮するには，その児童生徒の実態やこれまでの経過などをまず十分に把握することから始める必要があります。申し送りや各種資料などを確認するだけでなく，必要に応じて活動場面を実際に観察したり，医師や作業療法士などとも協働したりして，必要な支援や配慮について計画的な準備を進めることが重要です。

　特に行政側は，前年度予算編成時に情報がなければ，施設の改修などに対して予算執行が困難になることを考慮し，受け入れる側でも前年度から教育委員会などに積極的なボトムアップの情報提供を重ねることが肝要です。

●合理的配慮について

　合理的配慮という言葉の認識やその具体的な提示が学校に求められる中で，実質的に必要な支援や配慮がどのようなことであり，それを具体化するためには何を解決しなければならないかを焦点化し，判断することが校長には求められます。

　しかしながら，専門家のいない多くの学校では実情として支援などを強調すればするほど及び腰になり，負の連鎖に陥りやすいということも覚えておかなければなりません。特に中学校では，教科担任制や講師の授業が多い現状から，共通項の合意形成が不可欠です。社会的障壁を取り除き，自校の教育で時代や社会を変えていく決意の下で，学校管理職の具体的な指導力を発揮する必要があります。

　また，支援や配慮のつもりで行っていることが，児童生徒や保護者にとって過剰な内容であったり，学校の一人よがりであったりすることがないかの吟味も不可欠です。例えば，校外学習に介助員を配置したけれど，介助する場面がまったくなかったという話があります。

　また，具体的な学習場面では，障害のある児

童生徒が学習活動を行う場合に生じる困難さに応じた，指導方法や支援の適切さを考える必要があります。単に参加か不参加かを考えたり問うたりする過去の事例は通用しません。まして障害を排除の理由とし，差別的な扱いや権利の侵害はあってはならないことです。

例えば，通常の学級に通学する肢体不自由児童生徒が障害を理由に校外学習や修学旅行に参加できないなどの事例は，差別や人権侵害につながる事例です。もちろん安全性の確保が前提となりますので，事前に本人や保護者とも十分に話し合って，危険は排除しながら障害に対応できる宿泊施設を選択するなど，無理のない合理的配慮を組み入れた条件整備を行う必要があります。

しかし，一方で医師などの専門家と協働し，特別な教育ニーズとして，医療や療育・教育などの観点から規制したり制限したりする必要があれば，保護者や児童生徒本人はもとより，校内での共通理解と共通行動を実践として履行することが必要です。すべての児童生徒の活動が制約を受けたり，社会参加に制限が生じたりすることがないように工夫することが前提です。

また，進学先や進路先に対しても，十分な理解に立って個人的，社会的を問わず不合理な制限や制約を受けることがないように情報や状況を伝達することが必要です。すでに私の勤務する地域では，保護者の承諾の下で進路先に提出する支援シートが作成され，活用されています。

ここがポイント　共生社会づくりには

- 「平等」と「公平」の違いを教職員や児童生徒・保護者などに徹底する
- 学校経営方針にダイバーシティを掲げ，インクルーシブ教育を進める
- 当該児童生徒の学校内外の情報を早期に正しく把握し，実際に確認する
- 制限や規制が，組織や先生の未熟さや指導力に起因するのもでないか，常に注意する
- 共生社会に向け，学校の中から社会を変えていく姿勢と努力を継続する

ベテラン先生からのアドバイス

目の前の児童生徒を正しく評価することが基本です。保護者や教職員から「不平等」「逆差別」などと声が上がることを心配するあまり，障害のある児童生徒に過剰な制限や制約を設けたり，それを黙認してしまったりする例もあります。特に最近では「合理的配慮」を考えるあまり，学校や教職員が振り回されたり不安になったりする状況も散見されます。

そうしたときには，就学相談員や専門家チームの助言や指導主事の立ち会いなどを積極的に求めて，早期から拡大特別支援委員会などを開催する必要があります。また，必要に応じて保護者や本人も同席した上で，相互の不安を払しょくする場を意図的に開くことも賢明な選択です。学校の事情や事例などを話し，目指す方向性を確認することがスタートラインです。

(東京都多摩市立青陵中学校校長　千葉 正法)

Q&A編

Q23 投薬の管理はどのようにすればよいでしょうか。

保護者から，学校で投薬させてほしいと依頼されたが。

給食後に投薬してほしいと保護者からいわれた

薬の管理はどうするか…

本人が服薬を管理できるには…

A 原則として薬の管理は児童生徒本人です。

●保護者との共通理解をはかる

　まず，次の2点の原則について，保護者と共通理解をはかります。

○学校で医療用医薬品を預かることは法律上の規制はないが，原則として児童生徒本人の所持になること。

○教職員が，医療用医薬品を児童生徒に使用すること（投薬）は，医療行為にあたるため，原則として行うことはできないこと。

　その上で，保護者からの申し出があった場合，一定の条件を満たしていれば，学校での対応が可能となるので，主治医の指示のもと，保護者と十分に話し合って決めていきます。

●薬の保管について

　坐剤や水薬など冷所保管などの保管条件がある薬や，児童生徒本人による管理が困難な場合には，学校での保管が可能です。その場合は，預かり書（依頼書）を保護者に提出してもらうようにします。校内では，預かりの責任者を明確にするとともに，適切な保管場所を確保します。また，投薬が必要なときに，保管場所から取り出して，教職員が児童生徒に確実に使用させることができる体制を整えておきます。校内での対応・体制については，全教職員だけではなく，保護者とも共有しておくことも大切です。保管中の破損・紛失には十分注意することはもちろんですが，万が一，破損・紛失が生じた場合の責任を負うことができないということも，保護者に理解を求めておくことが必要です。

●服薬について

　薬の管理は難しくても，児童生徒自身で服薬が可能な場合は，必ず教員のそばで服薬させるようにします。自分で服薬できない場合は，次の3点の条件を満たしており，主治医からの指示書，もしくは服薬の内容や学校での服薬が必要な内容を具体的に記載した依頼書・同意書を保護者に提

出してもらうことで，教員による与薬が可能です。
○児童生徒の容態が安定していること。
○医師または看護職員による連続的な容態の経過観察が必要ではないこと。
○医薬品の使用に関して専門的配慮が必要ではないこと。

　与薬の際は，養護教諭を含めた複数の教員で確認します。また，保護者には，適切に使用させることができない場合があることを理解してもらう必要があります。例えば，薬をこぼしたり飲み忘れたりして，通常通りに飲めなかった場合などを想定し，事前に保護者との間で対応方法について決めておきます。

　その場合も，学校は主治医の指示に従うことが重要です。場合によっては，保護者が来校して，預かっている医薬品を使用してもらうことも検討します。また，服薬後の薬袋やシートは捨てずに保護者に返すことで，服薬済みの報告をします。

　わが家ではあたり前の投薬も，学校では医療行為にあたるということを，教職員に徹底することが重要です。薬の管理・服薬が日常的になることで，馴れ合いの中での作業になってしまう危険性があります。校内体制について確認するとともに，必要に応じて対応を見直していくことが大切です。これから，児童の医療用医薬品を取り扱うケースが増えてくることも想定し，まず，養護教諭や担任，管理職などとの面談を設定するなど，校内での食物アレルギー対応と同じように，校内体制や受け入れ手続の段取りを整えておくことが重要です。

ここがポイント　医療用医薬品の管理について

- 保管条件がある場合や児童生徒本人による管理が困難な場合を除いて，本人管理が原則
- 学校が薬を預かる場合は，預かり書（依頼書）を保護者に提出してもらう
- 学校は，原則として保管はできるが使用はできない
- 学校が預かる場合は保管場所や預かり責任者を決め，確実に使用させる体制をつくる
- 学校での投薬には，一定の条件があるので，保護者と十分に話し合い共通理解をはかる

ベテラン先生からのアドバイス

　学校での医療用医薬品の取り扱いに関する基本原則をはじめ，学校で対応できること・できないことについて，保護者と一つひとつ共通理解をはかることが大切です。また，保護者からの依頼書・同意書は，保健室で管理するとともに，個別の指導計画や個別の支援ファイルなどを集約している，該当児童の個人ファイルにも保管しておくとよいでしょう。

　そうすることで，進級時，担任が変わっても書面で確認でき，対応方法について保護者と改めて検討することもできます。保護者から提出された依頼書や同意書は，「学校生活管理表」同様，主治医の指示のもと毎年度見直し確認していけるとよいと思います。

　「薬を預かるくらいなら」と，担任や養護教諭などの独断で保護者と取り決めをするようなことがないよう徹底することが大切です。

（東京都世田谷区立奥沢小学校校長　玉野 麻衣）

Q&A 編

Q24 安全確保のために，遠足や宿泊学習に保護者もついていってほしいと伝えたら断られました。どうすればよいですか。

校外での安全面を考えると，保護者の協力がないと遠足に連れていけない。

どの子も楽しく遠足に参加させたいが…

障害のある子のけがが心配

保護者にもっと学校の教育活動に協力してもらいたい

A 遠足や宿泊学習における児童生徒の困難さについて，保護者に対しては共通理解を促し，折り合いをつけるようにします。

通常学級に在籍する障害のある児童生徒，特別支援学級に在籍する障害の程度の重い児童生徒の中には，校外学習の際に引率する人員だけでは当該児童の安全が確保できず，やむなく保護者に依頼するケースがあります。

肢体不自由や視覚・聴覚に障害があり物理的な人手が必要な児童生徒などの場合は，就学に際して学校から保護者へ協力を要請し，快く承諾してもらうことが多いため，今回の質問のようなことはほぼありません。

しかし，通常学級に在籍して，主に衝動性が強く歩行の際に危険が伴う児童生徒，公共のマナーが守れず迷惑をかけてしまう可能性がある児童生徒，暴力を振るい友だちとのトラブルが予想される児童生徒など，診断を受けていない発達障害のかたよりの強い児童生徒などの保護者には，障害の理解や考え方が十分でなく，校外学習につきそう必要性をまったく感じていない場合もあります。

今回の質問がこのようなケースならば，次のような手続きを経ることが必要となります。

①遠足や宿泊学習の活動を見越して，普段の学校生活での困難さを保護者と共有する。

②校外学習の行程に添って，困難な状況について理解を促す。

③学校としての合理的配慮と，保護者ができる協力を話し合い，折り合いをつける。

①については，校外学習の直前に保護者を呼び出して依頼するのではなく，校外学習の日程から逆算して，校外学習で想定される困難さにかかわる日常の学校生活の様子を，長期に渡り伝えていくことで，保護者の心構えをつくるよう計画的に情報共有していくことが大切です。

ただし，伝える際は，当該児童生徒のマイナス面の行動のみに着目するのではなく，問題行動に対して学校が精一杯に手立てを講じていること，改善が見られるが人的な支援がまだ必要であるこ

となどをていねいに伝えていきます。学校として当該児童生徒の成長を願う姿勢を見せることも肝要です。

②と③は、いよいよ校外学習が数ヵ月後にせまったときに、保護者面談を管理職と担任で行う際の配慮です。校外学習の詳しい行程についてしおりなどを活用して具体的に説明をしながら、想定される当該児童生徒の問題行動、課題、そして学校として取れる最善の支援策について説明をしていきます。つまり、学校としての合理的配慮として考えていることを伝えていきます。

その上で、当該児童が参加して学習の成果が得られる行程での活動はどこなのかを話しながら、どうしても困難な状況があると予想される場合の、人的支援の必要性を訴え、保護者からのつき添いを依頼します。家庭の事情などの理由で断られた場合は仕方ありませんが、それ以外であれば、保護者の協力できる場面を限定してお願いすることが有効です。当該児童の参加意欲をかなえさせたいと願う保護者であれば、協力できそうな案に耳を傾けてくれます。

例えば、遠足の行きの行程は学校から短時間の人的支援をつける代わりに、帰りは保護者のつき添いをしてもらう案や、宿泊学習であれば最終日の見学だけつき添って参加できるようにするなどの案を示します。学校が保護者に対して参加を前提とした姿勢を示せば、なんとかして協力しようとする気持ちが出てきます。

なお、在籍児童生徒を校外学習に参加させることが責務であることが大前提ですから、保護者の協力なしには参加させない、欠席を求めるなどの言動は避けなければなりません。

ここがポイント 校外学習への保護者の参加について

- 保護者に対し、障害のある児童生徒のマイナス面だけを伝えることはしない
- 当該児童の成長を願う学校の姿勢を見せ続ける
- 学校が困っているからといって保護者にすべてまかせない
- 校外学習を見越して保護者の理解を促す
- 校外学習への参加の機会をとらえて、合理的配慮を検討する

ベテラン先生からのアドバイス

障害のある児童生徒に関しては、就学時あるいは進学時、または年度末か年度当初に、学校生活全般に関する合理的配慮について、保護者の意向をふまえながら決定していきます。特に遠足、社会見学、宿泊学習などの校外学習は、慣れない環境の中で見通しがもてなかったり活動に制限があったりして、十分な配慮をするため参加の可否や参加の条件を話し合うことになります。

管理職は、今回の表題のケースのように断られることがないよう、年度初めから教育相談、就学相談の一貫として、校外学習の参加に向けた保護者との話し合いの場を、意図的・計画的に設定していくことが重要です。

(東京都江東区立豊洲北小学校校長　喜多 好一)

Q&A編

Q25 たんの吸引や経管栄養などの医療的ケアが必要な児童が，小学校への就学を希望しています。どのような準備が必要ですか。

> 医療が必要な児童だと，万が一の事態が起きないか心配。

医療的ケアってよくわからないから不安

安全安心な学校にしていきたいが…

どんな条件整備を行えばよいのだろう

A 就学時は本人・保護者の意見を最大限尊重し，必要な条件整備を行います。

●医療的ケアと医療的ケア児

医療技術の進歩によって従来生存が難しかった子どもたちの命が救われ，病院から自宅に戻るための，小型・軽量・簡便な操作の在宅医療機器や，医療技術が発展しました。食事や呼吸，排せつなどの機能に障害があるため，経管栄養やたんの吸引，導尿などのケアは家族などが自宅で日常的に介護として行っているもので，病院で行われる急性期の治療目的の「医行為(医療行為)」とは異なるものという意味で，「医療的ケア」と呼ばれます。

2016年6月の改正児童福祉法で，第56条の6第2項が新設され，「人工呼吸器を装着している障害児その他の日常生活を営むために医療を要する状態にある障害児」を「医療的ケア児」と呼ぶようになりました。

●学校における基本的な考え方

文部科学省が2017年に設置した「学校における医療的ケアの実施に関する検討会議」が，2018年6月に「中間まとめ」を発表しました。

これによると，小・中学校等を含む「すべての学校」，人工呼吸器の管理などを含む「すべての医療的ケア」を想定した上で，以下のように述べています。

○学校は，児童生徒等が集い，人と人との触れ合いにより人格の形成がなされる場であり，児童生徒等の安全確保が前提。学校における医療的ケアの実施は，医療的ケア児に対する教育面・安全面で，大きな意義を持つ。

○教育委員会や学校だけでなく，主治医や保護者など，医療的ケア児に関わる者それぞれが，その責任を果たし，学校における医療的ケアの実施にあたることが必要。

○国は，教育委員会や学校が参考となるよう，標準的な役割分担例を示すことが必要。

●就学にあたっての考え方

　学校教育法施行令改正によって2013年9月1日から就学先決定にあたっての手続きが変わり，本人・保護者の意見を最大限尊重（可能な限りその意向を尊重：障害者基本法第16条）となりました。実際，医療的ケアが必要な児童生徒数は，小学校の通常学級に244人，特別支援学級に500人，中学校の通常学級に27人，特別支援学級に87人で，合計858人が在籍しています（文部科学省「平成29年度特別支援学校等の医療的ケアに関する調査結果について」より）。

　2015年に文部科学省は「障害のある児童生徒の学校生活における保護者等のつき添いに関する実態調査の結果」を発表しました。障害のある児童生徒につき添う保護者等の数1,897人のうち，医療的ケア児のケアのための学校つき添いが388件で，「小・中学校における保護者のつき添いは，今後も合理的配慮の提供において一つの論点となるものと考えられる」として，保護者つき添いの解消が検討課題になりました。

●小・中学校への看護師配置

　文科省は，「平成28年4月から施行される障害者差別解消法等を踏まえ，医療的ケアを必要とする児童生徒の教育の充実を図るため，これまで特別支援学校を対象としていた看護師配置補助について，小・中学校等を追加するとともに，人数の拡充を図る」とし，2016年度から1,000人分の補助金（補助率1/3）を予算化しました。

ここがポイント　医療的ケアが必要な児童生徒の受け入れのために

- 就学は医療的ケアが必要な本人・保護者の意見を最大限尊重する
- 安全安心な体制づくりとして，医療的ケアに対応できる職員を配置する
    ①たんの吸引等第三号研修（特定の者）を修了した支援員の配置
    ②看護師免許を持った支援員の配置
    ③文部科学省「医療的ケアのための看護師配置事業」を活用して配置

ベテラン先生からのアドバイス

　学校には，さまざまな健康上配慮を必要とする児童生徒が在籍しています。ぜんそくや食物アレルギーなどのアレルギー疾患，インスリン注射を必要とする1型糖尿病，精神疾患，そして呼吸や食事や排せつなどの機能の弱さに対する医療的ケアなどです。学校生活を送る上で，児童生徒には確かにリスクがあります。

　しかし，リスクを不安視して，保護者に「万が一のことがあったら…」というのはよくありません。リスクに対して「ヒューマンエラーはゼロにはできない」からこそ，リスクマネジメントが大切なのです。医療的ケアについては，想定・予見できる事態が明確なので対策が可能です。主治医との連携や適切な職員配置，それをコーディネートする養護教諭や特別支援教育コーディネーターを活躍させて，より安全安心な学校を目指していきましょう。

（下川　和洋）

Q&A編

Q26 他の保護者からクレームがありました。障害のある子がいると勉強が遅れる，保障してもらえるのかといわれたが，どうしたらよいですか。

すべての児童生徒の学びを深めていくようにしたい。

最近、授業の内容がわかっていないようなんですが…

授業のどこが理解できていないのだろうか？

わかりやすい個別のプリントを用意しよう

A 組織で訴えを分析し，対応策を進めていくことが大切です。

　特別支援教育はすべての学校で，すべての教職員によって取り組まれる教育であり，校長にはその理解・推進が求められています。

　クレーム以前に次のようなことを進めておくことが重要です。
- すべての児童の学びを大切にすることを学校経営上，重要な柱として，特別支援教育の視点を生かした教育の充実を教職員・保護者などに明示しておく。
- 教職員の特別支援教育について専門性を向上させる研修の充実をはかり，授業改善を進めるとともに，校内委員会を組織して校内の支援体制を整備しておく。
- 管理職が日常的に授業観察を行い，実態の把握や適切な支援に努める。
- 保護者や地域関係者を含めた協力体制が重要であることから，教育委員会，PTAなどと連携して，保護者などの障害理解を深めるための講演会・研修会の実施や，学校だよりなどを利用した広報活動を進めておく。

　こうした学校経営を行っていることが，苦情があったときに障害のある児童を排除するような対応ではなく，すべての児童の学習を保障する解決策を探る土台となり，インクルーシブ教育を進めていく上で大切です。

　実際に苦情があったときには，次頁の「保護者からのクレームへの対応の流れ」の図を参考に，特別支援教育校内委員などを活用して組織的に対応するようにし，外部の専門家の支援も積極的に要請して進めていきましょう。

　これらの対応は，障害のある児童本人の思いや保護者の意向も尊重しつつ進めることが大事です。また，スクールカウンセラーや特別支援教育コーディネーターによる定期的な相談日を設け，すべての保護者が親身に相談を受けられるようにすることで早期に対応できます。

図 保護者からのクレームへの対応の流れ

1 苦情を受け止める (苦情の本質を見極める)	2 課題の分析と方策を検討 (学校全体の課題として共有する)	3 外部の専門家との連携 (専門家の力を得て実践力の向上をはかる)
○訴えは,特別支援教育コーディネーターといった専門的な立場の校内委員会の委員も入れて聞く。 〈保護者の訴えを慎重に多角的に聞き取る〉	○分析は特別支援教育校内委員会などを中心に行い,全校の課題として分析・方策の検討,全校周知,課題解決の体制づくりを進める。〈授業者の困っている状況も把握し,授業観察の様子なども参考にする〉	○内部努力と専門家を積極的に活用したすべての児童の学習保障を目指す。
視点例： □障害のある児童の特定の行動・言動による学習状況への不安 □障害理解不足 □授業そのものの改善を求めている訴えなど	対応例： □個別の指導計画,個別の教育支援計画などの改善,迷惑行為軽減への改善指導策および支援体制(人員配置等)の検討,協同で学ぶことができる工夫の検討など □適切な説明,理解啓発の内容の再考など □ユニバーサルデザインを取り入れた全校的な授業展開の取り組みなど	連携例： □教育委員会,大学などの専門家チームによる助言・支援 □特別支援学校のセンター的機能活用(コーディネーター派遣要請)など

ここがポイント　保護者からのクレームに対して組織的に対応するには

- インクルーシブ教育の推進を示し,授業力の向上と障害理解啓発を進める
- 保護者の障害理解を深める研修の実施や啓発活動を進めておく
- 聞き取りは多面的に把握できるように,複数のメンバーで行う
- 具体策は校内委員会で組織的に検討する(授業支援・体制支援などの具体化)
- 外部の専門家の力も導入して,指導力の向上をはかり全員の学習保障を進める

ベテラン先生からのアドバイス

　障害のある児童の発言や行動による訴えである場合は,迷惑行為の軽減の対応や個別対応についての検討が必要です。一方,指導力不足によって全体の学習が深まっていないことが,障害のある児童と関連づけられて訴えになっていることがあるかもしれません。すべての児童がわかりやすく学べるよう,ユニバーサルデザインを取り入れた授業改善を進めていくことにつなげていく機会です。

　また,障害差別と受け止められる訴えであるかもしれません。校長として,年度初めにすべての児童を大切にする視点から,インクルーシブ教育の推進,特別支援教育の充実についての方針を明確に保護者に示しておくことも重要です。

　一方,学級担任が指導に行き詰まっていないかを確認しましょう。対応体制の構築や特別支援教育コーディネーターによる支援など,校内委員会・外部の専門家を生かして組織的に進めることが,全体の指導力の向上をはかり,適切な対応につながります。

(東京都立七生特別支援学校校長　大和田 邦彦)

Q&A編

Q27 小学校入学にあたって，保護者の意向をどのように確認していけばよいのでしょうか。

保護者の意向を十分に確認したいのだが…。

就学時健診でかなり多動な児童がいる

保護者の意向を確認する必要がある

確認の際の留意点は？

A 本人の教育的ニーズや，保護者の思いを共有することが大切です。

学校教育法施行令の一部改正により，就学先を決定する際は，「就学基準に該当する障害のある子供は特別支援学校に原則就学する」仕組みから，「障害の状態，本人の教育的ニーズ，本人・保護者の意見，教育学，医学，心理学等専門的見地からの意見，学校や地域の状況等を踏まえた総合的な観点から就学先を決定する」仕組みになりました（「学校教育法施行令の一部を改正する政令」2013年8月26日付政令第244号）。

保護者の意向を確認する際は，この改正の趣旨を十分にふまえ，障害の程度や特性だけではなく，児童の将来を見据えての保護者の思いや，本人の教育的ニーズについて，保護者と共有していくことが大切です。

本人の教育的ニーズを考える際は，「障害のある子供と障害のない子供が，できるだけ同じ場で共に学ぶことを目指すこと」「本人が，授業内容がわかり学習活動に参加している実感・達成感をもちながら，充実した時間を過ごしつつ，生きる力を身につけていけるかどうか」という本質的な二つの視点が重要です（「共生社会の形成に向けたインクルーシブ教育システム構築のための特別支援教育の推進（報告）」2012年7月中央教育審議会初等中等教育分科会）。

●**保護者との面談機会を活用**

就学前に，学校が保護者の意向を確認できる最初の機会が就学時健診での面談です。保護者と直接話ができる機会を大いに活用できるよう，面談時間を設定します。また，継続的に面談したほうがよいと判断した場合は，積極的に保護者にも提案します。保護者との面談では，それまでの就学相談での相談内容や関係機関などの利用状況などを確認しながら，就学を控えての悩みや思いを受け止め，共有していきます。併せて，必要な行政支援の内容や活用についての情報も提供し，就学後も必要な関係諸機関との継続的な連

携により，児童の育ちを支援していくことの大切さを伝えていきます。また，療育センターなどの早期からの支援を行っている機関に通っていない子どもや，早期からの支援の対象になっていない子どもが受診する場合もあります。就学時健診の時点で，就学相談を利用していない場合は，「子どもの将来について話し合う」という行政の相談機能について説明してその利用を勧め，就学について考えるきっかけを提供するようにします。

● **本人の教育的ニーズと保護者の思いの確認**

就学時は特に，本人の教育的ニーズと保護者の思いが大きく異なるケースがあります。大切なことは，誠意を持って，保護者の思いを受け止めることです。その上で，本人の教育的ニーズは何かを一緒に考え，特別な教育的支援として必要な事柄についての共通理解をはかっていきます。

また，入学後は，さまざまな集団活動を通しての多様な人との関係性による生活が始まります。児童は，これまでの生活環境が大きく変わることで，今までとは違った姿を見せるようにもなります。これから，どのような環境での生活が始まるのか，具体的な情報提供の機会として，学校見学や体験入学を活用するよう，保護者に積極的に働きかけることも大切です。

また，保護者と連携・協力して教育を進め「個別の教育支援計画」や「個別の指導計画」を作成していくことを伝えます。さらに，入学後の児童の発達の程度や適応の状況，学校の環境などを勘案しながら，必要に応じて柔軟に就学先の変更ができることも伝えておきます。

ここがポイント　入学にあたって，保護者の意向を確認するときは

- 就学時は不安も多い，保護者の思いや悩みを理解し受け止める
- 本人の教育的ニーズと，保護者の思いを確認する
- 保護者と直接話ができる，就学時健診での面談を活用する
- 学校見学や体験入学の機会を活用するよう働きかける
- 必要に応じて柔軟に就学先の変更ができることを伝える

ベテラン先生からのアドバイス

学校は，就学先を決定する保護者の最終的な決断を尊重し，就学後も必要な関係諸機関と連携していくことが重要です。一方で，子どもにとってふさわしい就学先を検討するためには，本人・保護者，学校，教育委員会の三者が，子どもの教育的ニーズを的確に把握して共有することが重要なので，早期からもれなく保護者・家庭を支える教育相談体制の充実が必要です。

就学段階になっても本人の教育的ニーズと保護者の思いが大きく異なり，就学ぎりぎりまで面談をくり返すようなケースでは，保護者の負担も大きくなります。「気になる」という段階からの専門的な親子支援の必要性とそのあり方については，教育管理職として行政に提言していくことも必要ではないかと思います。

（玉野　麻衣）

Q&A編

Q28 入学にあたって，保護者とどのように合意形成していけばよいのでしょうか。

合理的配慮について，保護者との合意形成の手続きは？

保護者から合理的配慮として提供してほしいと申し出があった

現在の学校体制ではかなり変更・調整が必要になるが…

どのように合意形成をはかっていけばよいか

A 可能な限り，本人・保護者の意向を尊重することを前提に，合意形成をはかります。

保護者からの申し出内容にかかわらず，学校における合理的配慮の提供に係るプロセスは以下の通りです。合意形成をはかる際は，合理的配慮の提供内容と併せて，「決定－提供－評価－見直し」のPDCAサイクルにより取り組んでいくこと，児童の発達の程度や適応の状況などを勘案しながら柔軟に見直しができることについて，保護者と共通理解をはかっていくことが大切です。また，学校での取り組みだけではなく，学校・家庭・地域社会での教育を十分に連携させて，相互に補完しながら一体となって取り組んでいくことで教育効果が期待できること，外部機関などとの継続した連携が重要であることを伝えていきます。

●本人・保護者からの合理的配慮の申し出（意思の表明）

本人・保護者からの合理的配慮についての意思の表明が，合理的配慮の発動条件になります。「合理的配慮の観点（①教育内容・方法　②支援体制　③施設・設備）」と照らし合わせて，申し出の内容を確認します。

●調整

就学前は，さまざまな集団活動による学校生活での実態把握ができていないため，就学相談の行動観察や数日の体験入学，「個別の支援ファイル」などの情報がアセスメントとなります。この情報を基に，以下の点をふまえながら，合理的配慮の内容や，場合によっては代替案について検討し，合意形成に向けて調整をしていきます。

・申し出の内容が，合理的（必要かつ適当な変更・調整）かどうか。
・障害者権利条約の目的（第24条第1項）に合致するかどうか。
・過重な負担かどうか。
・誰がどのように提供することになるか。

可能な限り，本人・保護者の意向を尊重することを前提としながら，適切と思われる配慮を提供

するために、建設的な対話を重ねていくことが大切です。

例えば、「施設・設備」について、学校予算枠では対応しきれないケースや、「支援体制」について、追加の人的配置が必要なケースなど、校内調整だけでは合意形成がはかれないケースがあれば、教育委員会との早急な調整が必要です。関係各部署との調整を行ってもなお、過重な負担にあたると判断した場合は、保護者にその理由を説明し、理解を得るよう努めます。それでも対話による合意形成が困難な場合には、「教育支援委員会」などの外部機関の助言などにより、その解決をはかるように努めます。

● 決定（P）・提供（D）

「合理的配慮」について可能な限り合意形成をはかった上で決定し、提供していくようにします。また、その内容は、個別の教育支援計画に明記することで保護者と共有します。

● 評価（C）・見直し（A）

本人にとって十分な教育が提供できているか、定期的に評価していきます。実際に学校生活が始まることで、さまざまな集団活動での困難さが改めて見えてきます。機会を逃さずに、作業療法士（OT）や理学療法士（PT）、言語聴覚士（ST）、心理士など、必要な外部の専門家を招聘し、アセスメントに基づいた適切な配慮の変更について、保護者とともに検討していきます。

なお、このプロセスをふむための校内体制を既存の校内委員会に位置づけるなど、学校組織として体制を整備していくことも必要です。

ここがポイント　保護者との合意形成をはかるためには

- 合意形成の手続を進める校内体制を整備する
- 可能な限り、本人・保護者の意向を尊重することを前提とする
- 適切と思われる配慮を提供するために、建設的な対話を重ねていく
- 児童の発達の程度や適応の状況などにより柔軟に見直していく
- 申し出に添えない場合は、保護者にその理由を説明し、理解を得るよう努める

ベテラン先生からのアドバイス

保護者に対し、就学前に学校環境での児童の困難さを的確に判断する難しさの理解を求め、就学後の児童の姿を共有することが重要です。

学校生活が始まると、学習環境や相手との関係性にストレスを感じている言動が現れてくることもあります。そのとき、「できないことが増えた」ととらえるのではなく、児童の困難さを解消するために必要な配慮は何か、改めて保護者と一緒に考えていきます。入学時の申し出は尊重しつつ、入学後の環境の変化に伴う本人の教育的ニーズについて引き続き話し合いを重ね、必要な合意形成を行うことが大切です。

また、一人の児童への合理的配慮としての環境整備が、どの児童にも有効であれば、それまで十分ではなかった学校全体の基礎的環境整備を進めることにもつながります。

（玉野 麻衣）

Q&A 編

 Q29 就学前の学校と関係機関との連携のあり方は，どのようにすればよいですか。

一緒に考える就学支援とは？

新しい遊びだと，少し落ち着かないようですね

事前に入学式の練習をしたほうがいいですね

落ち着いて入学式に参加できてよかった

 A それぞれの担当者の顔が見える関係になり，就学への思いを共有していきます。

2012年7月，中央教育審議会初等中等教育分科会から報告された「共生社会の形成に向けたインクルーシブ教育システム構築のための特別支援教育の推進（報告）」（以下，「共生社会報告」）では，就学相談・就学先決定に関して，次のように述べています。

「子ども一人一人の教育的ニーズに応じた支援を保障するためには，乳幼児期を含め早期からの教育相談や就学相談を行うことにより，本人・保護者に十分な情報を提供するとともに，幼稚園等において，保護者を含め関係者が教育的ニーズと必要な支援について共通理解を深めることにより，保護者の障害受容につなげ，その後の円滑な支援にもつなげていくことが重要である。また，本人・保護者と市町村教育委員会，学校等が，教育的ニーズと必要な支援について合意形成を図っていくことが重要である」

この一文から，就学前のさまざまな対応の中心には絶えず，子ども本人，そして保護者があることがわかります。学校も就学前の関係機関も，子どもと保護者が安心して，そして期待感をもって就学できるための支援を行っていくことが大切であるといえます。学校と就学前の関係機関との連携も，そのような支援の一環とみることができます。子どもや保護者を真ん中にした連携です。以下では関係機関として児童発達支援センターなど療育機関，幼稚園，保育所を想定します。

そのためには，早い段階での子どもに関する情報の共有が必要になります。関係機関は保護者の相談を受けながら，想定される就学先の学校への見学や体験入学をセッティングするなど，具体的な情報提供をしていきます。その際，保護者の同意があれば，関係機関の職員も学校に同行していくことが望ましいでしょう。このような見学や体験入学のセッティングの段階で，自然に学校と関係機関，それぞれの担当者が連絡を取り始

めることができます。もちろん，学校と関係機関は個別の就学相談支援の以前から，日常的に連絡を取り合っておくことが大切ですが，個別の相談支援を始める際には，その後の動きも含め，保護者の同意の下でていねいに進めていくことが必要です。以下の動きも，一つひとつ保護者の同意を得ながら進めていくことになります。

学校見学など，最初のコンタクトの後は，学校と関係機関それぞれで随時，保護者の相談などを受けていくことになりますが，その場合，保護者の知りたい情報を，それぞれの連携の下，提供していくことになります。

この間，教育支援委員会による就学支援も行われますので，教育支援委員会とも連携しながら進めていくことにもなります。

就学先として学校が決定したら，今度は就学のための準備に入ります。できれば学校の担当者が関係機関を訪問し，子どもの様子を実地に把握すること，保護者の同意を前提に関係機関が作成している個別の支援計画の情報を共有し，就学後の対応に生かすことなども有効です。これらの訪問や情報共有を，就学先決定以前に行うことも大いにあり得ると思いますが，あくまで保護者の同意が前提です。特に個別の支援計画は個人情報ですので，保護者の同意は必須です。

学校側は，入学に備えての体験入学などを行い，入学後の適切な支援が行えるように準備をしておくことも必要です。

ここがポイント　就学前の関係機関との連携には

- 子どもと保護者を支援するという姿勢を共有する
- 進めていく過程での保護者の同意を，ていねいに得ていく
- なるべく早い段階で情報を共有する
- 教育支援委員会と連携する
- 担当者が顔の見える関係になり，思いをともに連携する

ベテラン先生からのアドバイス

就学にあたっては，子どもを学校に送り出す関係機関の担当者も，受け入れる学校の担当者にも期待と不安があります。それを解消し，円滑に就学の準備を進めることは，子ども本人・保護者への望ましい支援にもつながります。残念なことに，就学にあたって，関係機関からは「学校の先生は園に見に来てくれない」，学校からは「園からの引き継ぎ文書に必要な情報がない」などの不満が聞かれることがあります。お互いに精一杯の中で進めていることでしょうから，ミスや行き違いは避けられないかもしれません。だからこそ信頼関係を日常的に共有しておくことは必要です。

日頃からなるべく顔の見えるおつき合いをし，思いを伝え合い，分かち合い，わかり合うことが大切です。

（名古屋 恒彦）

Q&A 編

Q30 小・中学校の連携や引き継ぎは，どのようにすればよいでしょうか。

スムーズな進学や受け入れ態勢づくりができる引き継ぎが大切。

小・中の連携で共通理解をする

ユニバーサルデザインの視点での教育をともに進めていく

障害のある児童の引き継ぎは，保護者の同意のもとで個別に

A インクルーシブ教育についてともに考え，支援の必要な児童については，通常の引き継ぎ以外に保護者同意のうえでの引き継ぎ体制を組みましょう。

　小・中連携については，どの自治体もすでに行われていることと思います。その中身については，授業参観，児童の様子や学校の重点目標の取り組みについての紹介，テーマを設定しての情報交換などさまざまでしょう。

　また，引き継ぎについては，かなり以前から行われており，学習面，生活面など，気になる児童については担任から進学先の中学校へ，口頭で細かく引き継ぎが行われています。

　年々，特別に支援を要する児童が増えている中，まず行ってほしいことは，小学校・中学校がインクルーシブ教育，共生社会についてともに学ぶことです。インクルーシブ教育システムの構築のために，特別支援教育がいかに大切かということを両者がしっかり理解することが，スムーズな引き継ぎをするための，また，安心して中学校へ送り出すための一歩です。これにより，児童も安心して中学校に通えることとなります。

　ですから，年間数回行われる小・中連携の研修会には，ぜひとも，「インクルーシブ教育」や「特別支援教育」などをテーマとした合同研修をしていただきたいと思います。

　また，ユニバーサルデザインの視点を取り入れた授業や環境整備を両者で共通して行うことも，有意義な連携になると思います。新しい環境に慣れることが難しい児童生徒にとって，小学校から中学校へのハードルはかなり高く，緊張を強いられます。中学校の門をくぐったら，教室に入ってみたら，小学校とさほど変わらない環境設定がされていて，授業スタイルも共通な部分があるということは，どんなに安心して学習に臨めることでしょう。

　最後に，特別支援対象の児童で，特別支援教室に通っていた児童には，ぜひ，中学校でも支援システムがあることを伝えてください。もちろん，特別支援教室の利用は小学校で卒業でもかまい

ませんが，新しい生活の中で，またそのような支援が必要となったときに気軽に通える場所があることを知っておくことも大切です。

さらに，中学校の先生への引き継ぎについては，保護者同意の上，個別の指導計画や個別の支援計画を引き継いでおくことが大切です。児童本人にも自分の個性や特徴，小学校生活の中でできるようになったこと，これからの課題を明確にさせることも必要かと思います。

そして，注意していただきたいのは，引き継ぎにおいて本人を抜きにしないこと。学校と家庭が本人の将来に向けての思いや願いをしっかり聞いてやることです。12歳といえば，この先の自分の将来についても考え始める時期です。自分の今のつまずきや困り感がこの先の進路や将来の夢にどのような影響をもたらすのか，不安で仕方のない児童もいるでしょう。

そんな不安を少しでも取り除いてやるのが，私たち学校や家庭の役目です。今もっている困り感を少しでも解消するために，中学校時代の3年間で学校はどんな支援ができるのかをきちんと説明したり，その先の進学，進路についての選択肢などについてもアドバイスしてあげたりすることも必要ではないでしょうか。中学校への進学が，将来の生活に夢や希望をもって進んでいける機会となってほしいと思います。

ここがポイント　小・中学校の連携や引き継ぎのために

- 両者ともに，特別支援教育についての理解をしっかりしておく
- 両者ともに，ユニバーサルデザインの視点に立った環境整備や授業を行う
- 互いの授業を参観し，支援を要する児童への対応について学ぶ
- 支援を要する児童の引き継ぎを正しく行う
- 保護者も同意の上，引き継ぎを行う

ベテラン先生からのアドバイス

小学校と中学校では，生活環境，学習環境が大きく変わります。ですから，特に発達障害の児童生徒にとっては，適応しにくい場面も多く，ともすると，不登校になりがちです。

生徒が，「中学校って楽しい」といきいきと学校に通うためには，小学校から中学校への引き継ぎをしっかり行って，すべての教員がその子の特性を理解しておく必要があります。

また，児童本人にも，自分の特徴や特性を自覚させることが大切だと思います。「私は，つい夢中になると切り替えがつかなくなる」「ぼくは，つい余計なひと言をいってしまう」など，自分の特徴を自覚しているだけでも，立ち止まったり，相手に不快な思いをさせたとき謝ったりすることができるようになります。

（大久保 旬子）

Q&A編

 Q31 他機関(療育機関や放課後等デイサービス)との連携は,どのように行っていけばよいでしょうか。

> 学校と他機関でどんな支援をしているのかを知ることから。

放課後等デイサービスに行ってらっしゃい

でも,どんなことをしているのだろう

「うちでは,こんな活動をしています」「学校でも取り組めますね」

 A 支援に混乱や齟齬がないように,保護者の同意のもと,お互いにどんな支援を行っているのかを共有していくことが大切です。

●療育機関などとの連携

　学校で障害のある児童生徒への指導や個別支援を行っていくときや,個別の教育支援計画を作成・活用・評価していくときには,障害のある児童生徒の支援を行っている療育機関があれば,その連携は極めて重要です。療育機関にとっても,学校での様子や情報が得られることは,具体的な療育内容や療育計画を明確にすることができます。

　児童生徒によってかかわる療育機関は異なりますが,学校でのよりよい指導や支援を行っていくために,特に連絡協議会などを設置して,保護者支援の共通認識をもつことや,支援会議にも加わってもらい,情報共有し,個別の教育支援計画を相互に連携して作成・活用・評価していくことが重要です。また,今後は,学校での合理的配慮を検討する際に,療育機関からの所見や意見が重要となってくると思われます。

　また,学校での指導の方針と療育機関での療育方針とが大きく異なると,保護者が不安に思ってしまったり,児童生徒が混乱してしまったりすることもあります。保護者を通して,または保護者の了解を得て,連携や情報交換を進めていくことが重要です。

　都道府県や区市町村,また民間やNPO法人などによる療育センター,児童発達センター(発達障害者支援センターなどを含む)や総合的または障害に応じた発達支援機関,通所支援機関,療育相談機関などがありますので,リストアップしておきましょう。

●放課後等デイサービスとの連携

　放課後等デイサービスは,児童福祉法に基づき,障害児通所支援として設置されている小学生以上の児童生徒を対象とした支援機関です。放課後や夏休みなどの長期休業中における活動の場を提供するとともに,保護者支援も行っています。

　厚生労働省の社会福祉施設等調査の概況

（2016年度）では全国に9,385事業所があり，前年度から34.6％も増えています。営利法人（会社），NPO法人，社会福祉法人設立の放課後等デイサービスが多くあり，全国で154,840人（2016年9月調査）の児童生徒が利用しています。また児童生徒によっては，複数の放課後等デイサービスを掛け持ちしている場合もあります。

放課後等デイサービスでは，一人ひとりの障害の状況に応じた放課後等デイサービス計画（個別支援計画）を作成し，自立支援と日常生活の充実のための活動に関する計画的な発達支援が行われています。

放課後等デイサービスガイドライン（2015年4月1日障害保健福祉部長通知）では，学校との連携に関して以下のような指針を出しています。

●連携のポイント
○児童生徒に必要な支援の学校との役割分担の明確化
○年間計画や行事予定などの交換，下校時刻の確認，引き継ぎ項目などの情報共有
○送迎での安全確保（学校の授業終了後の迎えでは，他の事業所の車両の発着も想定されることから，事故防止に細心の注意を払う。設置者・管理者は，送迎時の対応について学校と事前に調整しておく）
○下校時のトラブルや児童生徒の病気・事故の際の連絡体制（緊急連絡体制や対応マニュアルなど）を事前に学校と調整し，責任者や送迎を担当する従業者への徹底
○学校と相互の役割理解のため，個別の教育支援計画や個別指導計画，放課後等デイサービス計画による情報交換

ここがポイント　連携にあたっては，各機関での支援の共有が重要

- まずは，各機関での支援の内容などについてお互いに知る
- 個別の支援計画などに基づき，文書による記録を残す
- 保護者を含めての各機関での具体的な支援内容の共有をしていく
- 児童生徒の成長や発達を評価しながら支援内容の改善工夫を検討していく
- 定期的な検討会や情報交換会を開催していく

ベテラン先生からのアドバイス

以下の点への配慮が大切です。

①保護者の同意を得て，特別支援教育コーディネーターなどから個別の教育支援計画などの情報提供をし，療育方針や放課後などデイサービス計画などの情報収集する。

②個別の教育支援計画が作成されていない児童生徒は，保護者の同意を得て，特別支援教育コーディネーターなどとお互いの支援内容などの情報交換の連絡をとる。

③学校の行事や授業参観に積極的に参加してもらうなどの対応をとる。

以上の他に，学校としては，気になることがあった場合の情報などを，保護者の同意のもと，連絡ノートなどを通して共有するなど，療育機関や放課後等デイサービス事業所との連携を深め，児童生徒にとって切れ目のない支援を提供していくことが大切です。

（半澤 嘉博）

Q&A 編

Q32 医療機関などの関係機関とは，どのように連携をはかればよいでしょうか。

専門的な相談について保護者とどのように合意形成をはかればよいか？

医療機関などへの相談が必要と思われる児童生徒がいる

保護者に相談を進めたい

不信感を抱かず，うまく合意形成がはかれるだろうか

A 保護者の立場になって考え，連携の目的と内容を明確にすることが大切です。

●医療機関などに何を相談するのかを明確に

　児童生徒の多様な教育的ニーズに対して，一人ひとりの障害の状態や程度などの専門的な判断や障害の特性に応じた指導，支援を検討，実践していくためには，校内の支援体制を構築するとともに，地域の関係機関とも連携をはかり，専門的な観点から指導助言を受けて，指導や支援についての見直し，改善を積極的にはかっていくことが望まれます。

　医療機関などの関係機関との連携を考えるにあたっては，校内において児童生徒の抱える課題を把握し，教育的ニーズと指導，支援について検討することから始まります。その際，すぐに医療機関などとの連携を考えるのではなく，まず，校内の支援体制により指導，支援を実践し，実践を評価，見直し，改善をはかる中で必要な連携をはかるようにします。

　児童生徒の障害特性について知りたいのか，実態把握やアセスメントについての情報が欲しいのか，指導と評価について助言が必要なのかなど，あくまで学校が主体となり，医療機関などから指導助言を受ける目的と内容を明確にしておく必要があります。

●保護者との信頼関係づくりとして

　学校側は児童生徒の見方について，専門的な助言を得て具体的な支援を考えたいと思い，保護者に相談を勧めようとします。一方で，保護者にとっては，学校生活にうまく適応できないのは，先生の指導力不足や対応の甘さが原因なのではないかと考えている場合もあります。

　専門的な相談はすべての児童生徒が経験するものではなく，特別に何か気になることがある場合に受けるという現状があります。「相談を勧められた」＝「障害があるかもしれない」という図式が容易に想像されやすく，相談を勧められたのが初めての経験であれば，なおさら保護者の不安と抵

抗感は大きくなります。

　問題を共有し，自分の子どもだけという保護者の孤立感に対する精神的な支えとなるように，学校は保護者との信頼関係を構築することが必要になります。学校が保護者との信頼関係を構築するためには，児童生徒がうまく取り組めていないところばかりに注目するのではなく，よい面，長所にも注目し，児童生徒の全体像を共通理解することが大切です。家庭と学校で子どもが見せる姿は必ずしも同じではないことから，場面による姿の違いもその子の実態ととらえ，家庭と学校が互いに見えない，知らない情報を交換し，それぞれの児童生徒の姿を共通理解することで全体像が見えてきます。

●支援の手立ての指導助言を得るために

　医療機関などから得たいものは，診断名や障害名にとどまることなく，児童生徒の生活上，学習上の困難さに関する特性のとらえ方とそれに対する指導，支援の方法です。

　学校も保護者も児童生徒の学習上の困難さを知るだけではなく，困難さに対する支援の手立てを具体的に考えるための指導助言を得ることにより，保護者と先生が共通理解した上で，支援を協働していくことが大切です。

ここがポイント　医療機関などとの連携をはかるためには

- まずは校内委員会などにおける検討からはじまる
- 児童生徒や保護者の利益になるという観点で考える
- 連携の目的と内容を明確にする
- 保護者との信頼関係を構築することが不可欠である
- 個別の支援計画（学校では個別の教育支援計画）を作成し，活用する

ベテラン先生からのアドバイス

　医療機関との連携に関しても、個別の教育支援計画の作成，活用がキーポイントです。個別の教育支援計画は，障害がある児童生徒について，保健，医療，福祉，教育，労働などの機関がかかわり，長期的な視点で作成します。多くの関係機関がかかわることで，児童生徒に関する多面的な実態把握や情報収集が可能となります。個別の教育支援計画の作成では，児童生徒や保護者の願いや実態把握に基づき，長期的な展望をもって支援の目標や内容を検討します。各機関が支援の役割を分担し，定期的に評価・見直しを行います。特に，医療機関との連携に関しては，投薬の調整などもあります。

　個別の教育支援計画における目標や支援の内容は，児童生徒や保護者の願いを十分尊重し，児童生徒や保護者も含めた関係者で合意形成をはかった上で，「合理的配慮」の具体的内容として明記することにより，生涯にわたる支援につながります。

　すべての関係者が個別の教育支援計画を理解し，積極的に活用していく姿勢をもつことが重要です。

（笹森 洋樹）

Q&A 編

Q33 外部専門家とは，どのように連携をしていけばよいのでしょうか。

どのようなことを外部の専門家に頼ればいいのかわからない。

なかなか一人で飛べないね

どうすれば上手に飛べるようになるかな？

作業療法士からは「この児童はこのように手をつく位置が…」

A　特別な支援が必要な児童生徒に対して，校内の対応だけでなく，学校外の資源を利用し，専門的な支援を受けることも大切です。

　学校での障害のある児童生徒の支援のためは広い分野の専門家や医療，福祉などの関係機関との連携を推進していくことが大切です。

　児童生徒に対する個別の指導内容や方法に関するアドバイス，学校の支援体制に関する助言，個別の指導計画の作成への協力，専門家チームと学校の間をつなぐこと，校内での実態把握の実施への助言，授業場面の観察などについては，各々専門的な知識や技能を有する外部の専門家からの助言をもらうようにしましょう。

　教育委員会が委嘱する発達障害などに関する巡回相談員や専門員などがいる場合には，まずは連絡をして相談してみましょう。

　例えば，支援を開始するにあたっては，児童生徒の実態把握が重要になりますが，実態把握の仕方についての助言や，学校生活上の児童生徒の様子を知るための授業場面を観察，それらの必要な情報を集約して個別の指導計画を作成するなど，専門的な助言が必要になります。このような場合，巡回相談員などを要請して協力してもらうことができる場合もあります。

　また，心理学の専門家，医師，特別支援学校の先生や通常学校の特別支援学級の先生や通級指導教室の担当教員などで構成される専門家チームが教育委員会に置かれている場合もあります。障害があるかどうかの判断，児童生徒の望ましい教育的対応についての専門的な意見の提示，保護者・本人への説明，校内研修への支援などでの協力が得られます。また，小学校や中学校内で対応が難しい場合の支援要請だけでなく，校内だけの視点では見落としがちな支援方法の発見や，すでに実施している支援体制の確認や整理など，特別支援教育に関する校内の支援体制を推進していくためにも，巡回相談員や専門家チームとの連携を進めていくことは大切です。

　他にも，学校外の資源として，特別支援学校の

センター的機能を利用するということも考えられます。特別支援学校のセンター的機能については、「特別支援教育を推進するための制度の在り方について（答申）」（文部科学省, 2005）で、「小・中学校などの教員への支援機能」、「特別支援教育などに関する相談・情報提供機能」、「障害のある幼児児童生徒への指導・支援機能」、「福祉、医療、労働などの関係機関などとの連絡・調整機能」、「小・中学校等の教員に対する研修協力機能」、「障害のある幼児児童生徒への施設設備などの提供機能」が示されています。

特別支援学校ではすでに関係機関との連携がされていることが多く、小・中学校で対応が必要となる多様な障害などに関する専門機関についての情報なども提供してもらえます。

また、特別支援学校にいる特別支援教育コーディネーターに学校の授業場面を見てもらい助言を得ることなども可能なので、センター的機能を活用することも大切になります。

専門家の活用については、実態把握や指導や支援に関する助言の提供だけでなく、学校と地域資源をつなぐ学校外も含めた特別支援教育の支援の輪を構築したり、学校内においては先生への特別支援教育に関する研修に協力してもらったりするなど、特別支援教育の支援体制を推進するためにも、外部専門家との連携を進めていくことが重要です。

外部専門家への依頼は予算上無理だと思われることもありますが、無償で協力してくれる専門機関もありますので、活用してください。

ここがポイント　外部専門家との連携するときの基本は

- 一人ひとりの児童生徒について、必要な外部の専門的な協力・支援を校内で検討する
- 教育委員会に連絡し、巡回相談員などを通じて外部専門家の窓口を知る
- 協力してもらえる外部専門家、専門機関のリストアップをする
- 近くの特別支援学校のセンター的機能を活用する
- 外部の専門家と連携していく中で、定期的に校内支援体制を見直していく

ベテラン先生からの　アドバイス

学校内で十分に対応できていると感じる場合でも、外部の専門家の視点から見た場合に意外と支援が不十分であったり、校内の支援体制に改善すべき点が見つかったりすることがあります。

特に初めて外部の専門家と連携を行うときには、どのようにして連携をはじめていいのか、どこに連絡すればよいのかわからないといったことがあります。

具体的に支援を求める専門家へ直接つながりを持つことよりも、まずは教育委員会に連絡して、巡回相談員や特別支援学校の特別支援教育コーディネーターなどから学校の近くにある地域資源（医療・心理・福祉に関する専門的機関）についての情報をもらうことからはじめていきながら、少しずつ外部の専門家を活用するといいでしょう。

（新潟大学准教授　渡邉 流理也）

Q&A編

Q34 保育園・幼稚園との連携や引き継ぎで，大切なことはどんなことでしょうか。

授業中立ち歩いたり，静かにしたりすることができずに，クラスになじめないかもしれない。

今，保育園・幼稚園ではどんな支援をしているのかな？

小学校ではどんな準備をしておけばいいでしょうか？

入学式，上手にできてよかったね

A 子どもの発達や学びの連続性を保証することが大切です。

　幼稚園・保育園と小学校の連携については，2013年に出された「障害のある児童生徒等に対する早期からの一貫した支援について（通知）」（文部科学省）で留意すべき事項が示され，その中で「早期からの一貫した支援について」は，「個別の教育支援計画」などの作成について示されています。個別の教育支援計画は，長期的な視点に立って，乳幼児期から学校卒業後まで一貫した教育的支援を行うためのものです。

　また，この個別の教育支援計画に関しては，保育所保育指針（厚生労働省，2017），幼稚園教育要領（文部科学省，2017）の中でも，障害のある子どもについては，関係機関と連携した支援のための計画を個別に作成・活用することが示され，早期からの一貫した支援のために，障害のある児童生徒などの成長記録や指導内容などに関する情報について，本人・保護者の了解を得た上で，必要に応じて関係機関での共有・活用をしていくことが重要とも述べられています。

　一方で，個別の教育支援計画をただやり取りするだけでは，きちんと情報を共有したり，情報を指導に生かしたりすることが難しく，園や学校間で連携や情報の引き継ぎを十分に行う必要があります。特に園と学校との連携については，特別支援教育コーディネーターの取り組みが大事になり，就学時健診や園からの情報を基に，特別な支援を必要とする園児がスムーズな移行ができるように校内委員会を開催し，支援体制を整える必要があります。その際に，入学する前に子どもの抱える困り感や支援方法について，保護者や園の担任と直接話し合う機会を設定することで，子どもが小学校生活を上手に開始できるための支援を具体的に考えていくことができます。

　近年では，小学校に入学後の児童が，集団行動ができなかったり，落ち着かず立ち歩いたり騒いだりし，授業が成立しない「小1プロブレム」と呼

ばれる問題への対応が求められています。

この「小1プロブレム」への対応策の一つが，小学校の教育課程へ円滑に移行するための「スタートカリキュラム」です。幼稚園・保育園などの，遊びや生活を通した総合的な学びを基礎とする経験的な教育課程から，各教科を体系的に学んでいく小学校の教育課程へとつなぐ教育課程の編成の重要性が指摘されるようになりました。

「スタートカリキュラムスタートブック」（国立教育政策研究所，2015）では，その基本的な考え方として「一人一人の子供の成長の姿から編成する」「子供の発達を踏まえ，時間割や学習活動を工夫しよう」「生活科を中心に合科的・関連的な指導の充実を図る」「安心して自ら学びを広げる学習環境を整える」といったことがあげられています。

「スタートカリキュラム」では，幼児期に親しんだ活動を取り入れたり，わかりやすく学びやすい環境づくりをしたりすることで，子どもが安心して小学校での生活をスタートすることができます。見通しがもちにくかったり，集中が持続しなかったりなどの特別な支援を必要とする子どもも，小学校という新しい環境になじみやすくなります。

「スタートカリキュラム」の編成においては，まず校内組織を立ち上げ，その意義・考え方・ねらいなどを，全教職員の共通理解の上で保護者へ説明を行ったり，幼稚園・保育所などへの訪問や教職員との意見交換，要録などから子どもの実態を把握し，指導・支援・子どものよさを小学校につないでいきながら，編成をしていくことなどが大切になります。

ここがポイント 保育園・幼稚園との引き継ぎで大切なことは

- 保育所や幼稚園での具体的な支援内容や方法を知る
- 保育所や幼稚園の先生や職員に，小学校での学習や生活の様子を見てもらう
- 入学前に身につけてほしいことについて，保護者を含めて共有する
- 「スタートカリキュラム」の編成や，小学校での受け入れに向けての計画的な準備を行う
- 個別の教育支援計画に，具体的な連携内容などを明記しておく

ベテラン先生からのアドバイス

個別の教育支援計画などで子どもの情報を引き継ぎ，学校間で情報を共有していくことは大切なことですが，その際に子どもの支援を引き継いでいくという視点がとても重要になります。支援が必要な子どもの存在といった視点ではなく，その子どもの支援の内容についての情報の共有が必要になります。その情報についても，子どもの行動上の問題点ばかりに注目が行きがちですが、子どもの学力，社会性・情緒の発達，行動の特性などにも視点を向けたり，子どものできることについても先生間で情報を共有しておいたりすることが大切です。

また，引き継ぎの際は，関係する機関だけでなく，地域資源に関する情報も引き継いでおくと，子どもが入学してからの支援を考えやすくなります。

（渡邉 流理也）

Q&A 編

Q35 特別支援学校における自立活動の指導を，通常学級にどのように取り入れられますか。

通常学級でも，発達障害などのある児童生徒に自立活動の指導を考えていきたい。

通常学級にも，特別な支援ニーズのある児童生徒はいる

友だち関係をうまくつくっていくための指導が必要だな

人間関係の形成のためには，個別の支援が重要…

A 自立活動の指導の視点は，合理的配慮の視点とも関連しています。

●自立活動の指導とは

　自立活動とは，特別支援学校の教育課程において特別に設けられた指導領域です。障害のある幼児児童生徒は，その障害によって，日常生活や学習場面においてさまざまなつまずきや困難が生じることから，個々の障害による学習上または生活上の困難を改善・克服するための指導が必要です。このため，特別支援学校においては，各教科などに加えて，自立活動の領域を設定し，人間として調和のとれた育成を目指しています。

　自立活動の指導は，各教科のように，学習指導要領には指導する内容があらかじめ決められてはいません。一人ひとりの児童生徒の実態と教育的ニーズの把握に基づき，個別の指導計画を作成し，障害による学習上または生活上の困難を主体的に改善・克服するために必要な知識，技能，態度および習慣を，児童生徒が主体的に学び，身につけることができるために，目標や内容を選定します。児童生徒一人ひとりが障害の状態や発達の段階などに応じて，主体的に自己の力を可能な限り発揮し，よりよく生きていこうとするという視点が重要です。自立活動の内容は，「人間としての基本的な行動を遂行するために必要な要素」と「障害による学習上又は生活上の困難の改善・克服するために必要な要素」からなり，心身の調和的な発達の基盤に着目して指導するものです。「健康の保持」「心理的な安定」「人間関係の形成」「環境の把握」「身体の動き」「コミュニケーション」の6区分に27項目が整理されています。個々に必要とされる項目を選定し，それらを相互に関連づけて具体的な指導内容を設定することが必要であるため，幅広く多角的な視点から児童生徒の実態を把握することが求められます。

●特別な配慮を必要とする児童生徒に対して

　小学校や中学校の通常の学級に在籍している児童生徒の中にも，障害による学習上または生活

上の困難の改善・克服を目的とした指導が必要な児童生徒がいます。小学校学習指導要領および中学校学習指導要領では，特別な配慮を必要とする児童生徒への指導を行う場合に，「特別支援学校の指導又は援助を活用しつつ，個々の児童生徒の障害の状況等に応じた指導内容や指導方法の工夫を組織的，計画的に行う」ことが示されています。また，新たに小学校学習指導要領および中学校学習指導要領の各教科編「指導計画作成上の配慮事項」には，それぞれの教科ごとに「児童生徒の困難さ」，それに対する「指導上の工夫の意図」，そして「個に応じた手立ての具体的な例」が示されています。

例えば，小学校学習指導要領解説社会科編では，社会科における配慮として，地図などの資料から必要な情報を見つけ出したり，読み取ったりすることが困難な場合（困難さ）には，読み取りやすくするために（指導上の工夫の意図），地図などの情報を拡大したり，見る範囲を限定したりして，掲載されている情報を精選し，視点を明確にするなどの配慮をする（個に応じたさまざまな手立て）などが示されています。通常の学級の教育課程編成では，自立活動の指導領域はありませんが，これらの配慮を考える際，自立活動の指導の考え方が参考になり，それらは合理的配慮の観点とも関連づけて考えられます。

ここがポイント　自立活動の指導を考えるためには

- 特別支援学校や特別支援学級の先生から，「自立活動」について説明してもらう
- 障害のある児童生徒の，学習上や生活上の困難さの指導に生かせる内容を考える
- 一人ひとりの児童生徒に合理的配慮の視点から必要となる，自立活動の指導の内容を整理する
- 個別の指導計画を作成し，一斉指導や個別指導の中での，具体的な指導内容や教材・教具を考えていく
- 合理的配慮の視点からの自立活動の指導の成果を検証し，改善・工夫していく

ベテラン先生からのアドバイス

自立活動の指導は，障害による学習上または生活上の困難を改善・克服することが主たる目的であり，児童生徒一人ひとりの障害の状態や特性，心身の発達の段階などに即した目標の設定や指導内容・方法などが必要になります。個別の指導計画を作成し，個に応じたきめ細かな指導を行う必要があります。

個別の指導計画を作成することにより，①一人ひとりの教育的ニーズに応じたきめ細かな指導が行える，②指導目標や内容などについて関係者が情報を共有できる，③児童生徒自身もめざす姿が明確になる，④定期的な評価により適切な指導の改善につながる，⑤集団の中での個別的な配慮・支援についても検討することは校内支援体制づくりにつながる，⑥引き継ぎの資料となり，切れ目のない支援ができることになります。

（笹森 洋樹）

資料編

実際に学校現場で活用したり
参考にしたりできる資料を示しました。
重要な法令関係，学校だより，保護者や
地域を対象とした障害理解教育や保護者会で
の障害理解教育の展開例，校内での
特別支援教育体制の構築例，校内委員会や
事例検討会の開催例，学校での障害者差別事象・
判例などの対応例を解説しています。

資料編

1 インクルーシブ教育関連の留意すべき法令について

インクルーシブ教育を推進していくために，基本的に留意すべき法令などには，どのようなものがあるでしょうか？

21世紀の現在，多くの国において，障害のある人の自立と社会参加に関しては，その多様性を認めるとともに，機会均等を保障し，共生社会の構成者としての活躍を促進していく方向性を目指しています。

そして，各国では国連の障害者の権利に関する条約の批准などを通して，憲法による人権尊重の精神や意義の他，教育，医療，福祉，労働などのさまざまな分野で，障害のある人への差別的対応を禁止する関連法令が整備されてきています。

以下に，インクルーシブ教育を推進するために基本的に留意すべき条約と法令を紹介します。

1. 障害者の権利に関する条約（国連障害者の権利条約）

この条約は，2006年12月18日に国際連合総会で採択され，2014年1月20日に日本も批准しました。障害者の尊厳，自律および自立の尊重，無差別，社会への完全かつ効果的な参加および包容などを保障する一般原則，障害者差別の禁止や合理的配慮に関する一般的義務，障害者の権利実現のための具体的な措置，条約の実施や監視の仕組みなどが示されています。

特に教育に関する第24条では，教育についての障害者の権利を認め，この権利を差別なしに，かつ，機会の均等を基礎として実現するため，障害者を包容するあらゆる段階の教育制度および生涯学習を確保することを強調しています。

そして，教育に関して最も重要となる文言として，「障害者が障害に基づいて一般的な教育制度から排除されないこと及び障害のある児童が障害に基づいて無償のかつ義務的な初等教育から又は中等教育から排除されないこと」（日本政府公定訳）と示されています。

この文言の中での「一般的な教育制度」がいわゆる日本での地域の小・中学校や高等学校を意味しており，「排除されないこと」という文言がインクルーシブ教育の重要性を示しています。また，この条項では，一般的な教育制度の中での合理的配慮の提供や高等教育や生涯学習の享受の確保についても言及しています。

日本では，中央教育審議会初等中等教育分科会報告「共生社会の形成に向けたインクルーシブ教育システム構築のための特別支援教育の推進」（2012年7月23日）において，カスケードとしての特別支援学級や特別支援学校の意義や役割が示されていますが，これについても障害者の権利に関する条約においては，原則的に「排除」とみなされています。現状の日本での特別支援教育体制は完成形ではなく，今後もできるだけインクルーシブ教育の推進（小・中学校での障害のある児童生徒の在籍率の向上など）が国際的には求められていると認識すべきでしょう。

2. 障害者基本法（最終改正：2013年6月26日法律第65号）

第16条第1項において，「国及び地方公共団体は，障害者が，その年齢及び能力に応じ，かつ，

その特性を踏まえた十分な教育が受けられるようにするため，可能な限り障害者である児童及び生徒が障害者でない児童及び生徒と共に教育を受けられるよう配慮しつつ，教育の内容及び方法の改善及び充実を図る等必要な施策を講じなければならない」と示されています。

また，保護者との合意形成の重要性，交流および共同学習の推進，適切な教材などの提供，学校施設の整備その他の環境の整備の促進なども示されています。

「可能な限り」との文言がありますが，法律制定時の国会の答弁においてもさまざまに論議されました。「だれがどのようなシステムの中で可能かどうか判断するのか」が問われるところであり，「可能でない」との判断，つまりインクルーシブ教育の対象ではないとの判断の是非や規準などは，今後の訴訟や判例を参考にしていくことになります。

経験からの推測や限られた情報，時限的な要因だけで判断できるものでもありません。法令の趣旨に鑑み，保護者との対応において，今まで学校や教育委員会が「無理です」「前例がありません」などと拒否してきた事例の是非を見直していきましょう。

3. 障害を理由とする差別の解消の推進に関する法律（2013年法律第65号）

この法律は，障害者差別の禁止と合理的配慮の提供に関しての包括的な法令ですが，国および地方公共団体の責務（第3条）と，社会的障壁の除去の実施についての必要かつ合理的な配慮に関する環境整備（第5条）が，特にインクルーシブ教育の推進において重要となります。

学校現場におけるあらゆる差別の禁止と解消，また，社会的障壁の除去の実施についての必要かつ合理的な配慮の提供を的確に行うための施設や設備などの整備，教職員の研修の実施などが求められます。

そのうえ，小学校や中学校の通常学級に在籍する障害のある児童生徒に対して合理的配慮を提供する責務に加えて，教職員や周囲の児童生徒，保護者，地域における差別事象の禁止や解消に向けた取り組みの責務があることを認識することが重要です。

4. 学校教育法施行令の一部改正について（通知）（2013年9月1日付文部科学事務次官通知）

この法令改正は，障害のある児童生徒などの教育の充実をはかるため，市町村の教育委員会が，当該児童生徒などについて，障害の状態や教育上必要な支援の内容，地域における教育体制の整備状況その他の事情を勘案して，就学する学校を通知する手続を定めるなどの必要があることから施行され，就学基準の見直しや就学手続きの見直し，専門家の意見の聴取などの改正が示されました。

特に，第5条第1項により，市町村の教育委員会は，就学予定者のうち，障害が学校教育法施行令第22条の3の表に規定する程度のものであっても，小・中学校の施設や設備の状況，保護者の意向などにより，小・中学校に制度的に就学できる仕組みになったことは，インクルーシブ教育の推進に大きく貢献するものです。

（半澤 嘉博）

資料編

2　学校だより，学校のホームページでのインクルーシブ教育の紹介

　各学校では，学校だよりや学級だよりを出して児童生徒の学習の様子をていねいに紹介しています。中には，ホームページで楽しそうな学校行事の様子を多くの写真で紹介しているところもありますが，インクルーシブ教育の実践紹介で参考になる例はないでしょうか。

　現在，大きな教育課題である特別支援教育を，学校経営方針の柱の一つとしてどの学校でも掲げるようになりました。また，2012年7月に中央教育審議会から報告された「共生社会の形成に向けたインクルーシブ教育システム構築のための特別支援教育の推進」，さらには2016年4月にいわゆる障害者差別解消法が施行されたこと，2020年度に実施される「小中学校学習指導要領総則及び各教科等の解説書」に特別支援教育に関する記載が増えたことなどから，保護者，地域の皆様に，学校としての特別支援教育の取り組みを積極的に発信していくことが求められています。

　ここでは，学校の特別支援教育に関する情報を発信している事例を紹介します。

1. 特別支援教育に関するトピックの紹介

①居住地校交流の取り組みの紹介

　岐阜県中津川市山口小学校（下の写真）では、教育目標「健康で心の豊かな子ども」を具現化する教育活動の一つとして、恵那特別支援学校との居住地校交流を行っていて、その交流の様子がホームページにアップされています。交流会を通して、6年生の児童が笑顔で特別支援学校の児童と触れ合うやさしさにあふれた姿が詳しく紹介されています。

　また、同県飛騨高山市立古川小学校では、併設された特別支援学級と飛騨吉城特別支援学校との交流を行っています。互いの児童が栽培活動などを一緒に行い、仲よくなっている様子を発信しています。

②特別支援学級の紹介
（多治見市立多治見中学校）

　多治見中学校のけやき学級では、卒業後の社会自立を目指して作業学習に取り組んでいます。
　地域の公民館祭りで販売をすることを通して、自分たちの活動が認められる喜びが大きな自信になっています。

2. 多様な学びの場の紹介～就学先決定の仕組みについて～

　学校だよりで，児童生徒によって多様な学びの場があること，さらには就学支援のあり方について，以下のような表を活用して紹介しています。

●日本の義務教育段階の多様な学びの場

自宅・病院における訪問指導
特別支援学校
特別支援学級
通級による指導
専門的スタッフ（支援員）を配置して通常学級
専門家の助言を受けながら通常学級

学びの場は児童生徒の状態により、柔軟に変更可能です。

● 児童生徒に応じた多様な学びの場の連続性

	～9月	10月	11月	12月	1月	2月	3月	4月～

特別支援学校・義務教育学校・小・中学校：
特別支援学校,小・中学校,義務教育学校の特別支援学級や通級指導教室などの見学会,説明会,体験入学,教育相談（6月～11月にかけて実施）

教育的ニーズを踏まえた教育内容や教育の場についての具体的な相談

市町村教育委員会：

早期からの十分な情報提供
・就学先決定までの流れや手続き
・障害の状態や教育的ニーズなどに応じて受けられる教育支援の内容（居住地校交流の意義と進め方など）
・教育的ニーズの変化に伴う就学先の見直し

総合的判断（※教育支援委員会）
・障害の状態
・教育上必要な支援の内容
・地域における教育の体制整備状況
・本人・保護者の意見
・専門家の意見
・その他の事情
（※各市町村で名称は異なります）

合意形成 → 就学先の決定 → 手続き

※就学先決定後も柔軟に就学先を見直していく

個別の教育支援計画の作成・活用

※岐阜県教育委員会提供資料を参考に作成

3. インクルーシブ教育の実践紹介

東京都杉並区立第四小学校では，小・中一貫教育実践校として，近隣の高円寺中学校と杉並第八小学校の3校が連携して「高円寺インクルーシブプロジェクト」を研修として取り組んでいます。

また，その取り組みを紹介したリーフレットを作成して学校のホームページにアップするとともに，校長が月に数回，教職員向けに作成している「インクルーシブ研修だより」についても併せて掲載しています。

この研修だよりには，「インクルーシブ教育」の言葉の意味から具体的な手立てまで，先生も含め地域の大人にもわかりやすい表現で示されていてとても参考になります。

（喜多 好一）

資料編

3　保護者や地域を対象とした障害者理解教育

特別支援教育においては，児童生徒以外にも保護者や地域の人たちの障害者理解が重要であると聞いていますが，具体的にはどのように取り組んでいったらよいのでしょうか。

　学校は，特別支援教育の充実をはかる上で，障害のある児童生徒の理解と支援や指導のあり方について，ていねいに説明をして理解を得ることが重要です。対象は，全校の児童生徒，全校の保護者，さらには障害のある児童生徒とその保護者，障害のない児童生徒とその保護者，そして地域の方々です。それぞれに対象が違うために，だれが，何を，どのように伝えるのかは違います。

　今回は，障害者理解をはかる教育として，対象から児童生徒を除いた「全校の保護者」と「障害のある児童生徒の保護者」「地域」の三つに絞って事例を紹介します。

1. 全校の保護者を対象とした障害者理解教育

① PTA 総会および学級 PTA，新1年保護者説明会などでの説明

　特別支援教育コーディネーターより，特別な教育的支援のニーズがある児童の保護者の悩み，校内支援体制の説明をしたところ，心配な子どもをもつ保護者から数件の相談を受けました。

　12月の人権教育月間では，障害者の人権にかかわるDVDを懇談会で視聴し，保護者とともに感想を述べ合うことが効果的でした。

（長野県東御市立祢津小学校　文部科学省「共生社会を目指した障害者理解の推進」中間報告

書参照）

　②保護者用リーフレットの例

　仙台市教育委員会では，発達障害の子どもたちの理解啓発資料を，全市立学校の教職員用，保護者向けに作成して，発行しています。特に小・中学校の保護者に対しては，前頁にある発達障害児の理解・啓発資料『気づいて　認めて　支えて～発達障害：教育上特別な配慮が必要な子供たち』というリーフレットは，学校説明会や特別支援教育研修会などの際に活用できる資料です。

　③通級による指導（通級指導教室）の理解啓発をはかる説明の例

　通級による指導を受ける児童への理解を促し，家庭での偏見を取り除くために，保護者に対して次のような説明をします。

　「算数は得意だけど国語は苦手」「読むのはできるけど書くのは苦手」「もち物の話を一所懸命聞いているけど，その日には忘れてしまう」…。このように一人ずつ得意なところ，苦手なところが違います。ものごとの理解のしやすさについても得意・不得意があります。耳から聞いたほうが理解しやすく学習が進む児童生徒がいれば，目で見て確認したほうが学習しやすい児童生徒もいます。得意・不得意の差が大きい場合は，その子に合った学び方を練習したり，さまざまな場面での対応のしかたを個別に学んだりすることが必要な場合があります。

　そのような子がその子の学び方に応じた指導を受けることができるよう，「ひまわり教室」（通級指導教室）を設置しました。在籍する学級で友だちと過ごしながら，週の何時間かを校内の「ひまわり教室」で個別や少人数の指導を受けます。一人ひとりの子どもが十分に力を発揮して楽しい学校生活が送れるよう，保護者の皆さまのご理解とご支援をお願いします。

　（東京都江東区教育委員会・江東区立小学校「特別支援教育ガイドライン 2018」参照）

2. 障害のある児童生徒の保護者を対象とした障害者理解教育

　障害のある児童生徒をもつ保護者には，まだ十分に障害が理解できていないケースや，わが子の障害を受容ができていないケースがあります。そのような保護者には，慎重に障害者理解教育を進める必要があります。

　山口県教育委員会が作成している特別支援教育の教員向け研修資料（下図，一部抜粋）には，保護者がわが子の障害を受け入れるまでの段階（Drotar,D 提唱）をふまえたていねいな教育相談の必要性が説明されていて，参考になります。

● 障害のある幼児児童生徒の保護者への支援の基本は？

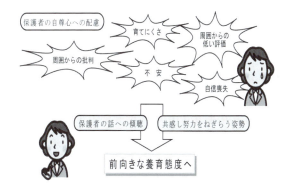

3. 地域を対象とした障害者理解教育

　障害のある児童生徒が地域で暮らしていくために，周囲の人の理解と協力が得られることが大切です。そのためにも，障害のある児童生徒の正しい理解と適切な支援のしかたを啓発する必要があります。

　実践としては，校長が学校評議委員会で学校経営計画を説明する際に，特別支援教育の取り組みを取り上げたり，計画的に保護者・地域を対象とした特別支援教育の研修会を開催したりする学校が多くあります。

　また，地域資源を活用した授業の中で，発達障害を含めた児童生徒との交流を通して，理解啓発をはかる取り組みもあります。

（喜多　好一）

資料編

4 保護者会での障害理解教育の例

　今は，小・中学校のどの学級にも数人の発達障害の児童生徒が在籍している状況です。その特徴が理解されず，「困り感」をもって学校生活をしている児童生徒が多いのではないでしょうか。学級の児童生徒のみならず保護者の理解も得られず，学校への苦情となる場合もあります。学校では理解のない保護者に対して，どう対応すればよいのでしょう。

1.保護者向けの研修会

　本校（新宿区立花園小学校）では，ここ5年ほど，年1回，保護者向けの特別支援教育に関する研修会を行っています。もともと特別支援学級（知的障害学級）が設置されているため，学校経営方針の中で「特別支援教育」に関しては必ず話していました。私の着任当時，通常学級に在籍している児童の中に，教室に入れず校内を飛び回っていたり，他の児童へ暴力的行為を行ったりする児童が数人いました。当該児童の保護者のみならず，その学級の保護者の心配は絶えず，ときには「学校はどのように対応していくのか」という意見をもらいました。一番困っているのは本人とその保護者ですが，当然，授業を妨害されてしまう児童たちの保護者も授業が中断してしまうことに不安を感じていました。

　そこで，「特別支援教育とは」というテーマで，保護者を対象とした講演会を開くことにしました。本校に設置されている特別支援学級の紹介とその教育内容，発達障害などについて，まずは障害の理解から始めました。

　2年目は「発達障害」に焦点をあて，だれにでも「困り感」はあること，その困り感をどう支援してあげればいいかという内容の講演会を開催しました。2回とも，講演会の講師は外部の先生にお願いしました。

　全保護者が対象でしたが，1年目の参加者は特別支援学級の保護者が中心で，PTAの役員が動員されて参加するというような現状でした。しかし，1年目の講演では困り感を感じている児童への具体的な支援がわかりやすく説明されたため，2年目の講演会では，「うちの子も多少その傾向があるかな」「学習についていけないのはどこに原因があるのだろう」と，ちょっとした心配を抱えている保護者の出席も増えました。そして，3年目にはPTAが独自で「困り感を抱えている子供への対応」という講演会を開きたいので，講師の先生を紹介してもらいたいという要望が出てきました。

2.先生向けの研修会

　保護者の理解を得るためには，まず教職員が特別支援教育に対して正しい理解と支援方法を習得していることが必要です。障害のある児童やその保護者と接するのも，また，「うちのクラスには○○さんがいるけど，大丈夫かしら」という心配を抱えている当該児童生徒以外の子や保護者と接する機会が一番多いのも担任です。

　どちらの立場からの質問や相談であっても，当該児童生徒に行うべき配慮や支援，他の児童生徒が安心してともに学べる環境づくりなどについて，保護者にきちんと説明できることが大切です。学校全体の教職員が，特別支援教育についての理解や困り感を感じている児童生徒への個に応じた対応について，しっかりと理解できていることが大切なのです。そのために，校内における先生向けの研修並びに巡回相談において，児童生徒の特性に合った支援のしかたを学ぶことも必要です。

3. 障害のある児童の保護者の教育

　今から14年前くらい前でしょうか。ちょうど「特別支援教育」について東京都が動き始めたころで、私は副校長としての1年目でした。その当時、「ADHD」であろうと診断された児童が学級内でいろいろと問題をおこし、臨時保護者会を開くという状況になりました。まだ、「発達障害」などという言葉は教育関係者がようやく聞くくらいで、ほとんど知られていないのが現状でした。そのため、「しつけが悪い」「教育が悪い」「転校させてほしい」「特別支援学級にかわるべきだ」というような意見が出てもしかたのない状況でした。

　あまりの勢いに当該児童の保護者もどう対応していいかわからず、ただ泣いて私のところにやって来たのでした。最初は医療にかかっていることも知らせていない状態でしたが、私は今のこの状態が決して本人のわがままやしつけの問題ではないこと、知的に障害があるわけでもないことをわかってもらうためには、「お医者様が診断されたことをきちんと話しませんか」と提案しました。そして、両親が子どもの困り感に寄り添って育てていることをきちんと保護者のみなさんに理解してもらうことが、当該児童のためによいことではないかと提案させてもらいました。

　両親は、最初は二の足をふんでいましたが、思い切って話をして協力を仰ぐことを決心し、臨時保護者会で話をしました。学校側も、発達障害についての説明と学校全体でどのような対応をしていくか具体的な提案をしました。

　すると、それまで心配していた保護者たちが当該児童のお母さんに寄り添い、さらに自分の子どもにも当該児童との接し方についてあたたかい心でアドバイスするようになりました。それ以降、大きな問題もなくその児童は卒業まで過ごすことができました。まわりの理解が児童の学校生活を穏やかなものにしてくれたのです。

　障害理解教育においては、当該の保護者がまず自分の子どものありのままの姿を受け入れること、そして、事実をありのままに他の保護者へ伝えていくことが大切であると思います。

　最後に、当校で開催した講演会の内容と保護者の感想を簡単に紹介します。

● 保護者向け研修会の実際

○ テーマ 「子供の困り感を理解しよう
　　　　　～発達障害の理解と支援～」
○ 出席者　保護者・教師　約80名
○ 内　容
　・発達障害とは
　・子どもの気になる姿
　・困難さの原因を見定める
　・発達障害が抱えるつまずきのパターン
　・パターンへの対応の仕方（支援の仕方）
○ 研修を終えて

保護者の感想

＊約90分の講演でしたが、あっという間の時間でした。さまざまなつまずきのパターンを教えていただき、うちの子もこの傾向があったのだと理解するとともに、原因がわかったことで、ちょっと安心しました。これからは、優しく向き合えそうです。

＊「書く」につまずきのある子です。やり方・手順の見本、ポイントの言語化など、今日教えていただいたことを、さっそく家でやってみようと思います。

（大久保　旬子）

資料編

5 特別支援教育体制の構築例

東京都では特別支援専門員が各学校に配置され，「特別支援教育の体制」は形が整ってきました。各学校で校内委員会が設置され，特別支援教育コーディネーターが中心となって特別支援教育を進めている状況です。今後さらに積極的に進め，また内容を充実させていくには，どのようにしたらよいでしょうか。

区市町村やそれぞれの学校によって，さまざまな形態があると思いますが，本校（東京都新宿区立花園小学校）を例にして教職員配置や体制，学校で行われている特別支援教育の内容について，以下に紹介していきます。

1. 特別支援教育体制について

本校は通常学級6クラス，特別支援学級2クラス，計8クラスという小規模な学校です。児童数は通常学級123名，特別支援学級12名，計135名です。通常学級から特別支援教室（まなびの教室）に通う児童は，11名です。

表1　本校の体制と人事配置

学校体制	①特別支援学級固定級（知的）の設置
	②特別支援教室（まなびの教室）の設置
	③巡回相談　2名　A先生（年間3回）／B先生（年間10回）
	④校内委員会の設置　年間11回
	⑤研修会の開催　年間3回
	⑥児童向けの講演会や授業　講演　年間1回／授業年間1回
人事配置	①特別支援学級（2学級）担任3名＋介助員2名／講師1名（週5時間）
	②特別支援教室　教員3名（火曜日巡回指導）
	③その他　特別支援教室専門員1名
	特別支援推進員1名
	学習指導支援員2名

2. 校内委員会の設置と実務

本校では，校内委員会を以下のように設置しています。

①メンバー

　校長・副校長・特別支援教育コーディネーター・保健主任・生活指導主任・特別支援学級主任・特別支援専門員

　＊上記の常時参加するメンバー（委員）に，内容によって，まなびの教室（特別支援教室）の先生，当該児童担任，スクールカウンセラー（SC）が加わります。

　＊2018年度は保健主任が特別支援教育コーディネーターを兼ねています。

②会議日

月1回（年間11回）

③内容

　年11回の会議は，各回30分から1時間程度です。年間計画は次表のようになっていますが，本校では，特別支援教室専門員（まなびの教室と通常学級を橋渡しする先生），特別支援教育推進員（対象児童のいる学級に入り支援する先生），学習指導支援員（通常学級に入り，T2［副担任］並びに個別指導する先生）と3種類の専門職員が入っていますので，これらの先生方の配置や指導内容の確認をします。

3. 研修会について

先生向けの研修会を3回行っています。1回は，特別支援教育や発達障害についての具体的な事

例やその対応について，専門の先生から話をうかがいます。2回目と3回目は，特別支援学級の先生による本校の児童を例にした障害とその対応，障害理解教育の授業についての情報交換です。

4. 講演会や授業

年1回，障害者を招いて児童，保護者，教職員対象の講演会を開きます。2018年度は，肢体不自由（車椅子使用）・脳性まひ，視覚障害，聴覚障害，発達障害の方々によるパネルディスカッションを行いました。

また，各学級で障害理解教育の授業を行います。主たる授業者は特別支援学級担任，T2に学級担任が入り，本校の特別支援学級について「違うということ」「互いを知ることが大切」という内容で行っています。この授業のために，全教員で指導案検討，授業後のふり返りなども行います。

以上，特別支援教育の体制づくりは教職員，児童，保護者すべての人間が，「違い」を理解すること，「相手を知ること」から始まると考えています。

表2　年間の会議の内容

月	参加者	内容
4	全教職員	ケース会議／各クラスの対象児童の実態把握
5	委員・SC・まなび	今年度の対象児童の確認と指導方針
6	委員・担任	巡回相談にかける児童について
7	委員・SC・まなび	1学期のふり返り／2学期体制の確認
9	委員・担任	巡回相談にかける児童について
10	委員・SC・まなび	特別支援教育を進める児童の確認
11	委員・担任	特別支援教育を進める児童の確認
12	委員・SC・まなび	2学期のふり返り／3学期体制の確認
1	委員・担任	巡回相談にかける児童について
2	委員・SC・まなび	まなびの教室に通う児童の継続について
3	全教職員	ケース会議／今年度のふり返りと次年度に向けて

表3　障害理解教育の授業例　「○○学級ってなあに」授業実施案

- ●ねらい　特別支援学級や障害への理解を深め，自分にできる関わりを考えることができる。
- ●期　日　5月14日(月)〜授業日は各学級と相談して決定。
  ※授業前に，事前打ち合わせを設定させてください。5月7日15時〜○○学級にて
- ●時　数　低学年は道徳1コマ，中高学年は総合的な学習の時間1コマでカウントする。
- ●授業の流れ

*担任の先生方にお願いしたいこと
　授業のまとめのところで，授業のふり返りやこれからの○○学級との関わり方について話し合ってください。

	児童の活動	教師の働きかけ	留意点　◆評価
導入	1. あいさつ 2. 昨年も学習したことを思い出させ，同じ学年の(知っている)○○学級の児童の名前を発表する。	・昨年の交流給食での様子や行事などで，○○学級とどんな交流ができたかを考えさせるようにする。	・○○学級の児童の顔写真を提示する。
展開	3. 障害に関するスライドを流して，障害や○○学級について説明し，理解を深める。	・スライドを流して，以下のことを説明したり考えさせたりしていく。 ①だれでも得意なこともあれば苦手なこともあること。 （中略）	・障害という言葉は，直接出さずに説明をするようにする。
まとめ	4. これからの○○学級との関わり方について考え，発表する。	・1組の担任に交代し，○○学級との交流について話し合ったりする時間をもつ	◆自分や相手の「よさ」や「違い」を認めながら，○○学級との関わり方について考えることができる。

◇各学年の授業終了後，全教員で各学年の授業のふり返りを行い，児童の反応や，今後の交流計画について意見交換をする。

（大久保　旬子）

資料編

6 校内委員会や事例検討委員会の開催例

校内委員会はどのように運営，実践していけばよいのでしょうか。参考にできる具体例を紹介してもらえないでしょうか。

特別支援教育が実施されて10年以上が経過し，現在，校長のリーダーシップのもと，全校的な教育支援体制を確立し，教育上特別の支援を必要とする児童生徒などの実態把握や支援内容の検討などを行うため，特別支援教育コーディネーターを中心に運営される校内委員会が小・中学校に100％近く設置されています。その結果，全国各地でさまざまな校内委員会の効果的な運営，よりよい工夫が実践され積み上げられています。その中から管理職にとって参考となる開催例を紹介します。

1. 茨城県守谷市立松前台小学校の開催例

茨城県守谷市立松前台小学校が「校内支援体制の構築とその運用」について取り組んできた事例です。

(1) 校務分掌の再構築

校内委員会を校務分掌に位置づけるにあたって，新設することなく特別支援教育に関わる部会を整理統合しています。例えば，生活指導，保健指導，就学指導の三つの部を「配慮を要する児童に対する支援委員会」いわゆる「校内教育支援委員会」として組織しました。特別支援学級に在籍する児童だけを区別して実態把握するのではなく，特別な配慮が必要なすべての児童の情報を全職員で共有することができるようにしました。多様な教育課題への対応が求められる学校経営上で，ビルド＆ビルドにしない工夫がされています。

(2) 校内教育支援委員会の三つの機能

①支援会議の機能

全職員による会議で，特別な配慮が必要な児童の困難の状況や支援方法について，5月，8月，10月，12月の年4回，児童の変容，指導の評価について話し合います。守谷市一貫教育支援シートに継続して記録し，次年度に引き継げるようにしています。

②「事例検討会」の機能

職員の学び合い・相互支援の機能に対応する全職員による会議で，年に4回開催します。支援会議で報告された児童たちの中で，特に解決が困難だと思われる児童や，支援方法を知っておけば今後役に立つだろうと思われる事例を取り上げ，全職員で検討会を開きます。支援のノウハウをたくさん持っている教員などで知恵を出し合いながら自己解決していきます。

③「ケース会議」の機能

　児童の支援に直接関わる職員が集まって随時会議を開きます。「いつ，だれが，何をするのか」を具体的にし，専門家や専門機関，保護者との連携が必要な場合は，特別支援教育コーディネーターが担任とともに連携が取れるようにしています。急を要する個々の問題や事例検討会の後に，担任一人では解決が困難な問題について，その支援方法を具体的に検討する場として有効に機能しています。

2．特別支援教育のための校内支援体制ケースブック～校内組織を活用したチームアプローチ～(秋田県総合教育センター作成　2016.3)

　本ケーブックには，校内委員会をより一層活性化するためのアイデアが具体的に記載されています。例えば，役割や組織を機能させるための「システム」を構築する必要性など，校内支援体制の機能を強化する方策として，役割・手順を明確にした指導・支援のためのシステム確立があります。

　①マネジメント機能を強化するために，校長，教頭・副校長，特別支援教育コーディネーターから特別支援教育支援員，関係職員までの役割を明確にしています。

　②チームが十分機能するためには，それぞれのメンバーが自分の役割の内容がわかり，全体の中でどのような意味をもつのかの理解を促すために，だれとだれが協働して，どのように動くとよいのかを「役割分担の見える化」しています。

　さらに，小・中学校ごと校内体制の事例があるとともに，効率的な会議の手法として，ホワイトボードミーティングについての紹介があります。

　ホワイトボードミーティングは，短時間で焦点化された話合いのために有効な手段の一つです。情報や意見を，みんなが見えるように集めるため，ホワイトボード上に1本線を引いて情報を左右に分けていきます。

　例えば，児童生徒の行動であれば「事実」の領域へ，教師の考えであれば「分析・解釈」の領域へ，という具合です。そのうちに，分類できないものも出てくるので，そこでまた新しい議論が始まります。「分ける」ことてで「わかる」ことをスタートとして支援検討会を行っています。

3．特別支援教育コーディネーター必見! 特別支援教育推進のための実践ガイド(岐阜県教育委員会作成)

　特別支援機教育コーディネーターの年間の役割一覧表を作成しています。校内委員会の月毎の年間計画についても詳しく記載されています。

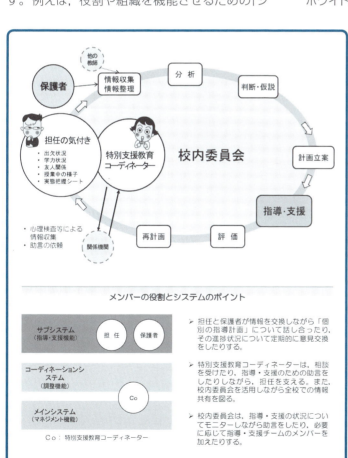
秋田県総合教育センター資料より

(喜多　好一)

資料編

7 障害者差別事象の対応例

教育現場で，今までに障害のある児童生徒へどのような差別事象が実際にあったのでしょうか。また，その対応例からどのようなことに留意する必要があるのでしょうか。

1. 教育現場での差別事例

多くの都道府県において，障害者差別解消法の啓発などのために，各分野での障害者差別の具体的な事例を紹介しています。内閣府のホームページにおいても「合理的配慮等具体例データ集『合理的配慮サーチ』」として紹介しています。（http://www8.cao.go.jp/shougai/suishin/jirei/cases/case_0030.html）

教育分野においては，例えば岩手県の事例として，以下のような障害のある児童生徒への差別事象を示しています。

【本人などの意向を無視した就学先や教育内容の決定】
・進路を決定する際に，子どもの状態だけで学校の選択を勧められる。

【教育・育成への受け入れの拒否】
・視覚障害を理由に学校の入学を拒否された。
・「他の学生にとっても，教師にとっても障害者の存在は迷惑」といわれた。

【教育・育成への受け入れの制限】
・入学時や授業を受けるとき，修学旅行などで必ず家族同伴を条件にされる。

【授業や学校生活における差別的な取り扱い】
・「卒園式には来ないでください」といわれた。

【授業や学校生活における差別的な言動】
・九九や時計の見方を子どもに教えていたら，学校の先生から，「そんなことを教えても，大人になって私たちもあまり使わないでしょう」といわれた。　　　　　　　　（抜粋）

また，クラスの中で，他の児童生徒からのいじめや無視などへの対応をしてもらえなかったり，学習面などへの個別の対応の要望を拒否されたりすることも報告されています。

このような例は，「無理やり小学校や中学校に入ってきたのだから，本人や保護者ががまんすべきだ」，「他の児童生徒の教育も行っているのだから一人だけ特別対応はできない」，「他の児童生徒の学習の迷惑になる」などと，居丈高な態度で臨んできた事例です。

しかし，障害者差別解消法が施行されてからは，このような態度自体が障害者差別そのものであり，法令違反となるものであることを十分に認識しなければなりません。

2. 障害者差別解消法施行後の差別事例

2018年の一つの事例ですが，私立高校の発達障害の女子生徒に，担任が差別的な発言をくり返したことで，適応障害となり転校せざるを得なくなってしまい，保護者が暴行や名誉毀損，侮辱の容疑で先生個人を告訴しました。「障害者が来る学校ではない」「ほかの学校に行ったほうがいい」などの侮辱発言があげられています。この事例では，保護者は法務局に人権救済の申し立ても行っています。

もう一つは，同じく2018年の事例ですが，重度障害を理由に就学先を県の特別支援学校に指定されたのは差別であるとして地裁に提訴した例です。両親は希望通りに地元の小学校への通学

を認めるよう求めています。就学先の指定を巡って行政の違法性を問う訴訟は障害者差別解消法施行後初めてとなります。

また、こんな事例もありました。2018年、脊髄性筋萎縮症で人工呼吸器をつけている市立小学校の4年生の女子児童の母親に対して、学校視察をした教育委員が「養護学校のほうが合っているんじゃないの」などと発言した事例です。この女子児童は医療的ケアが必要で、看護師も学校に配置していました。母親は「本人がこの学校に来たいから」と伝えると、「大変やね。環境が整っている養護学校のほうが合っているんじゃないの」「みんな優しいんやね」「本人はそうかもしれないけれど、周囲が大変でしょう」などと発言しました。

保護者は、教育委員の発言が障害者への差別であると市教育委員会に抗議をしましたが、市教育委員会も「市がインクルーシブ教育を推進する中、一連の発言は理解が不十分で配慮にかけた差別発言だった。残念で申し訳ない」とし、教育委員は責任をとって辞任したとのことでした。

今後、裁判の行方や判例を参考にし、自治体や教育委員会としても、また、学校や先生個人としても法令違反とならないよう、基本的な理解と対応上の留意点などについて、しっかりと研修を行っていくことが重要となります。

3. 対応の基本

「文部科学省所管事業分野における障害を理由とする差別の解消の推進に関する対応指針について(通知)」(27文科初第1058号)において、「不当な差別的取り扱い」および「合理的配慮」の基本的な考え方が示されています。また、各都道府県においても、教育分野での対応の指針や職員対応要領などが示されていますので参考にしてください。

①不当な差別的取り扱いとは、障害者に対して、正当な理由がなく、障害を理由として、財・サービスや各種機会の提供を拒否する、場所・時間帯などを制限する、障害者でない者に対してはつ

けない条件をつける、ことなどによる障害者の権利利益の侵害であることに留意しましょう。

また、正当な理由に相当するのは、障害者に対して、障害を理由として、財・サービスや各種機会の提供を拒否するなどの取り扱いが客観的に見て正当な目的の下に行われたものであり、その目的に照らしてやむを得ないといえる場合です。行政機関および事業者においては、正当な理由に相当するか否かについて、個別の事案ごとに障害者、事業者、第三者の権利利益(例:安全の確保、財産の保全、事業の目的・内容・機能の維持、損害発生の防止など)および行政機関の事務・事業の目的・内容・機能の維持などの観点に鑑み、具体的場面や状況に応じて総合的・客観的に判断することが必要です。また、正当な理由があると判断した場合には障害者にその理由を説明するものとし、理解を得るよう努めることが望まれます。

②合理的配慮とは、障害者から現に社会的障壁の除去を必要としている旨の意思の表明があった場合に、その実施に伴う負担が過重でなければ、障害者の権利利益を侵害することとならないよう社会的障壁を除去するための必要かつ合理的な取り組みであることに留意しましょう。

また、合理的配慮の内容は固定的なものではなく、技術の進展、社会情勢の変化などに応じて変わり得るものであることにも留意しましょう。

(半澤 嘉博)

編集著作者

半澤 嘉博
（東京家政大学家政学部児童教育学科教授　理論編①⑳, Q&A編②㉛, 資料編①⑦）

著者（あいうえお順）

相澤 雅文
（京都教育大学教育学部発達障害学科特別支援教育臨床実践センター教授　Q&A編④）

池本 喜代正
（宇都宮大学教育学部特別支援教育講座教授　理論編⑰⑱, Q&A編⑫）

伊藤 甲之介
（鎌倉女子大学児童学部児童学科准教授　理論編⑧, Q&A編⑩）

伊藤 大郎
（鎌倉女子大学教育学部教育学科准教授　Q&A編⑧）

大久保 旬子
（東京都新宿区立花園小学校校長　Q&A編⑳㉚, 資料編④⑤）

大場 寿子
（東京都大田区立東糀谷小学校校長　理論編⑬）

大和田 邦彦
（東京都立七生特別支援学校校長　Q&A編㉖）

荻野 友
（東京都大田区立東糀谷小学校主任教諭　理論編⑬）

忰田 康之
（明星大学教育学部教育学科特任教授　理論編⑩）

喜多 好一
（東京都江東区立豊洲北小学校校長　Q&A編㉔, 資料編②③⑥）

小林 徹
（郡山女子大学短期大学部幼児教育学科教授　Q&A編⑪）

笹森 洋樹
（独立行政法人国立特別支援教育総合研究所発達障害教育推進センター上席総括研究員（兼）センター長　Q&A編⑰㉜㉟）

下川 和洋
（NPO法人地域ケアさぽーと研究所理事　Q&A編㉑㉕）

妹尾 浩
（明星大学教育学部教育学科特任教授　Q&A編⑦）

髙岡 麻美
（東京都府中市立第三中学校校長　Q&A編⑱）

高橋 浩平
（東京都杉並区立杉並第四小学校校長　Q&A編⑲）

田中 謙
（山梨県立大学人間福祉学部人間形成学科准教授　Q&A編⑨）

玉野 麻衣
（東京都世田谷区立奥沢小学校校長　Q&A編㉓㉗㉘）

千葉 正法
（東京都多摩市立青陵中学校校長　Q&A編㉒）

中西 郁
（十文字学園女子大学人間生活学部児童教育学科教授・特別支援教育センター長　理論編⑤⑥⑭, Q&A編⑥⑬⑭）

名古屋 恒彦
（植草学園大学発達教育学部教授　理論編⑦, Q&A編③⑮⑯㉙）

丹羽 登
（関西学院大学教育学部教授　理論編③④⑮⑲, Q&A編①）

前田 真澄
（東京都立町田の丘学園指導教諭　理論編⑨）

濱田 豊彦
（東京学芸大学教育学部特別支援科学講座教授　理論編⑪）

明官 茂
（明星大学教育学部教授　理論編②⑫, Q&A編⑤）

三浦 光哉
（山形大学大学院教育実践研究科教授　理論編⑯）

渡邉 流理也
（新潟大学教育学部教育科学講座准教授　Q&A編㉝㉞）

小・中学校　管理職のための
よくわかるインクルーシブ教育　課題解決Q&A

2019年1月23日　発行

発　行　開隆堂出版株式会社
　　　　代表者　大熊隆晴
　　　　〒113-8608　東京都文京区向丘1-13-1
　　　　電話03-5684-6116（編集）
　　　　http://www.kairyudo.co.jp/

発　売　開隆館出版販売株式会社
　　　　〒113-8608　東京都文京区向丘1-13-1
　　　　電話03-5684-6118（販売）

印　刷　壮光舎印刷株式会社

表紙・本文デザイン・イラスト／ソフトウェーブ株式会社

●本書を無断で複製することは著作権法違反となります。　●乱丁本・落丁本はお取り替えいたします。